# *Kanada*

Erlebnisse
eines
(Aus-) Wanderers

Thomas Edmund Müller

Erste Auflage 2010
Alle Rechte vorbehalten, insbesondere das der Übersetzung,
des öffentlichen Vortrags sowie der Übertragung
durch Rundfunk und Fernsehen, auch einzelner Teile.
Kein Teil des Werkes darf in irgendeiner Form
(durch Fotografie, Mikrofilm oder andere Verfahren)
ohne schriftliche Genehmigung des Authors reproduziert
oder unter Verwendung elektronischer Systeme
verarbeitet, vervielfältigt oder verbreitet werden.
Text: Thomas Müller
Layout: Thomas Müller
Fotos: Thomas Müller (ausser die im Anhang aufgeführten
mit freundlicher Genehmigung)
Copyright: Thomas Müller

Druck: Alpina Druck, Innsbruck, Österreich
Printed in Austria

ISBN 978-0-9865536-0-8

# Inhaltsverzeichnis

Vorwort

Von Ost nach West

- Geduld Geduld -
- Die herrlichen Kootenays -
- Lardeau River -
- Die Tulpen Farm -
- Hirsche -

Die Pilze

Jäger und Fallensteller

Der Bär     - Jagdglück in Neu Braunschweig -

Wenn zwei sich streiten

- Leben Leben -
- Kinder des Himmels -
- Das Weihnachtsgeschenk -

Edith Mary Essex - Älteste Posthalterin Kanada's

- Waldbrand -
- Der grosse Baum in seinem Reich -
- Eine Überraschung -
- Von Jagdwaffen und Patronen -
- Dämonen der Berge -
- Gewitter -
- Schneeziegenjagd -

Schmusekatzen   - Mein Blockhaus -

Nachtrag

## *Liebe Leserin, lieber Leser,*

in Burgjoss, im schönen Spessart, wurde ich 1952 geboren.
Schon in meiner Kindheit bin ich dort durch Felder, Wiesen und Wälder
gewandert, habe Flora und Fauna beobachtet und bewundert.
Vor allem die herrlichen Greifvögel hatten es mir angetan.
Mit ihrem ruhigen, majestätisch kreisenden Flug in immer grössere Höhen,
zusammen mit den kunstvollen Gebilden der fern und unerreichbar
scheinenden Wolken, waren sie ein Inbegriff der Freiheit für mich
und haben das Fernweh in mir geweckt...
So war es nicht verwunderlich, dass mich der Traum von Kanada,
meinem Shangri La der Natur, schon damals packte -
und er liess mich auch nie mehr los.
Doch bis zur Verwirklichung meines Traumes dauerte es noch einige Jahre.
      Eine Krankheit kam dazwischen, Morbus Crohn, unter der ich
seit meinem 16. Lebensjahr leide.
Sie ist chronisch und führt oft, wie auch bei mir der Fall,
zu Komplikationen wie Fistelbildungen und Darmdurchbrüchen.
So musste ich viele Monate im Hospital verbringen, mehrere Operationen
über mich ergehen lassen, ein ganzes Jahr lang ausschliesslich von
Astronautenkost leben, das heisst ohne auch nur einen Bissen zu essen,
und mein Gewicht betrug zeitweise nur noch sechsunddreissig Kilogramm.
Doch auch in dieser schweren Zeit verlor ich nie meinen Traum!
Im Gegenteil: Er verstärkte sich noch, wurde noch verlockender...
      Die schwerste Zeit meiner Krankheit habe ich überlebt
und mein Zustand besserte sich wieder.
Allerdings blieb der Crohn mein ganzes Leben lang mit mir
und flammte in Abständen immer wieder auf, auch später noch in Kanada.
Doch lernte ich damit zu leben und das Beste aus der Situation zu machen.
So bin ich bei wiederholtem Darmdurchbruch auch nicht mehr ins
Hospital gegangen, sondern habe alles zu Hause über mich ergehen lassen,
habe nichts mehr gegessen, nur noch Astronautenkost zu mir genommen
und sozusagen um mein Leben getrunken...
Vielleicht hab' ich damals meine fast unendliche Geduld erlernt...?

Viel Geduld muss auch Monika, meine Frau, mit mir gehabt haben...
Wenn man meine Geschichte liest, wird klar, dass es nicht immer
leicht für sie gewesen sein mag. Doch ich vermute, dass eines
ihrer Prinzipien immer Vorrang über alles andere hatte:
Wo meine Familie ist... Da bin auch ich!
   1983 war es dann so weit:
Monika und ich wanderten nach Kanada aus.
Wir bekamen drei Kinder... Robert, Christine und Sylvia.
Und alle drei wurden im gleichen Hospital in Woodstock,
Neu Braunschweig, geboren.
   Nach anfänglicher, einjähriger
Unternehmung in der Tourismusbranche (Lodge und Ferienhäuser)
kauften wir unsere Farm in Kenneth, Glassville.
Es war wiederum mein grosser Traum -
Und hier fängt meine Geschichte eigentlich an...
Doch ich greife vor, denn über die Farm werde ich in meinem zweiten
Buch berichten, obwohl die Farmgeschichte an erster Stelle stehen sollte.
Aber es hat sich anders ergeben...
Ich bin keineswegs ein professioneller Schriftsteller,
und so musste ich schreiben wie es mir in den Sinn kam,
eben so wie ich mich erinnerte.
Das ging nicht planmässig, denn vieles liegt ja bis zu 20 Jahre zurück!
Auch mag man mir bitte verzeihen, wenn nicht alles in professioneller
Weise geschrieben ist oder wenn sich Fehler eingeschlichen haben sollten...
Ich apelliere an Ihren Grossmut...?
   Selbst ist der Mann!
So habe ich mich entschlossen, auch mein Buch bis zur Vollständigkeit
selbst zu machen, das heisst inclusive Layout, also druckfertig.
Es wäre ein Leichtes gewesen, alles professionell überarbeiten zu lassen,
ich habe aber darauf verzichtet.
So bleibt, wie ich hoffe, die Originalität besser erhalten.
Doch sollte nicht alles perfekt gelungen sein,
bitte ich auch hier um ein wenig Grosszügigkeit Ihrerseits...?

Die meisten Fotos sind Originale, aufgenommen von meiner Familie.
Ich selbst habe selten fotografiert,
ausser wenn ich mit meinen Kindern unterwegs war.
So geht mein Dank an sie und natürlich an Monika,
die doch immer wieder mal ein Bild machte...
Mir selbst schien das Fotografieren damals nicht wichtig, denn alles was ich
sah und erlebte war ja für immer aufgenommen in meinem Gedächtnis.
Heute bin ich allerdings froh über die Fotos
und ich bedanke mich herzlichst bei den Fotografen!

     Anmerken möchte ich noch, dass ich lange überlegte, ob ich meine
Krankheitsgeschichte erwähnen soll.
Ich habe es getan um an meinem eigenen Beispiel zu zeigen,
dass man trotz einer Krankheit,
ja sogar trotz schwerer Krankheit, viel, ja sehr viel erreichen kann.
Sogar Bären jagen und Blockhäuser bauen in der Kanadischen Wildnis...!

     Auch habe ich nie meine positive Lebenseinstellung sowie den
Glauben an meine Lebensprinzipien verloren.
Das Glas ist doch immer halb voll... Immer!
Meist sogar mehr als halb...
Und von meinen Prinzipien scheinen sich
letztendlich besonders diese zwei bewährt zu haben:
               Geduld... Und niemals aufgeben!

𝓤nsere Farm
in Neu Braunschweig.
Ende des 19. Jahrhunderts kamen
die ersten Siedler aus Schottland und
rodeten hier, in den nordöstlichen
Ausläufern der Appalachen,
Flächen für die Landwirtschaft.

Allerdings ist der Boden steinig
und wenig ertragreich.
Die Appalachen zählen zu den
ältesten Gebirgen Nordamerikas und
entsprechend tat die Erosion ihr Werk.
So werden heute wieder mehr und
mehr dieser Farmen von den
umliegenden Wäldern zurückerobert.
Nichtsdestotrotz, für Selbstversorger
bietet sich die Gelegenheit eines
ruhigen und befriedigenden
Landlebens inmitten herrlicher Natur.

Jedes Jahr im September, wenn
die Ahornwälder in berauschendem
Rot und Gelb aufleuchten,
geht es auf den abgelegenen Strassen
mitunter sogar geschäftig zu.
Von weit her kommen die Ausflügler,
um das spektakuläre Farbfeuerwerk
zu bestaunen...

Kurt,
unser lieber Besuch aus Deutschland. Manche Farmen werden nicht mehr bewirtschaftet und die hellgelblichen, vertrockneten Gräser bilden einen angenehmen Kontrast zu den grünen Tannen und bunten Laubbäumen. Die Luft ist sauber, der Himmel strahlend blau, das Wetter mild - Und die Grillen zirpen in der Abendsonne. Ein stilles, friedliches und verträumtes Land.

Herbstwald in Neu Braunschweig.
Balsamtannen vor sich verfärbendem
Zucker- und Rotahorn.

# Von Ost nach West

## Geduld Geduld - Die Tulpen Farm - Die Hirsche

5500 Kilometer sind es von unserer Farm in Neu Braunschweig im Osten Kanada's
bis Britisch Columbia im Westen, zur Tulpen Farm.

Neu Braunschweig ist eine liebliche Provinz.
Im Norden dominieren die Ausläufer der Appalachen mit ihren runden,
von Ahornwäldern bestandenen Hügeln.
Jedes Jahr im September bietet sich hier ein grandioses Schauspiel,
wenn die Wälder in "Flammen" stehen, die Zucker- und Rotahorne sich verfärben.
Das Farbenspektrum reicht über alle Schattierungen von Rot und Gelb
der Laubbäume auf den Höhen, und dem dunklen und hellen Grün
der Tannen, Fichten, Zedern und Lärchen in den Tälern.
Hinzu kommt die saubere Luft, der blaue Himmel und das helle Sonnenlicht.
Alles zusammen ergibt einen Farbenzauber,
wie er wohl beispiellos ist auf der Welt!

Leise murmelnde Bäche, langsam fliessende Flüsse wie der Miramichi,
der Saint John, Saint Croix oder Nashwaak River, die herrlichen Seen,
die reizvollen, ländlichen Gegenden mit ihren hübschen Farmhäusern.
Kein Zweifel, Neu Braunschweig ist eine schöne, liebliche Provinz!
Die Bevölkerung ist freundlich, bodenständig...
Hier fühlt man sich als Europäer sofort zu Hause!

Monika und Kinder
in herbstlichem Farbenspiel...

Wieder hat mich das Fernweh gepackt, in seinen Bann gezogen.

Nachbar's Weiden sind immer grüner, andere Frauen immer schöner...
Und wenn erst dies und jenes ... dann! ...
Doch was tun, wenn man verliebt ist in die Gebirge
mit ihren Gletschern, alpinen Blumenwiesen, Urwäldern -
Mit reissenden Sturzbächen und klaren, tiefen Seen -
Der ursprünglichen Wildnis?

Schnell hab' ich meistens gepackt.
Zu schwer war es, mich von der einen Schönheit loszureissen.
Aber wie sich wehren, wenn die andere mit solcher Macht lockt...?

Und von meiner Familie!
Es war ja mein ein und alles, meine Familie, meine Frau, die Kinder, unsere Farm.
Aber wir haben stets gut zusammen gehalten,
die Kinder haben fleissig mitgeholfen,
und so war Monika ja nicht allein.
In vier bis fünf Stunden war meist alles eingeladen,
und egal zu welcher Tageszeit auch immer - Los ging's:
Auf die Reise nach Westen...

Christine, Monika, Sylvia und Robert zu Hause auf der Farm.

𝓔ntlang des blauen, friedlich und gemächlich dahinfliessenden Saint John Rivers geht die Fahrt,
vorbei an kleinen verschlafenen Dörfern mit ihren im Englischen Stil gehaltenen Häusern und Gärten.
Die Gaspe: Rauher ist es hier, wilde Schönheit, windig, einsam...
Der Sankt Lorenz Strom: .Die ersten Ozeanschiffe tauchen auf, und immer wieder vorbei an lieblichen,
entlang des Sankt Lorenz liegenden und sich bis auf die beidseitigen Höhen erstreckenden Farmen.
Vorbei an Montreal, der einstigen Kulturmetropole Nordamerika's,
vorbei an Ottawa, der parkähnlichen Hauptstadt Kanada's.
Weiter durch Ontario, dieser riesigen Provinz.
Fast die Hälfte der Wegstrecke von Ost nach West führt ja durch Ontario.
Der dicht besiedelte Teil Kanada's, die südlichen Teile von Ontario und Quebec, liegen hinter mir.
Nach Norden führt die Strasse jetzt, durch herrliche Landschaften, vorbei am wunderschönen,
seenreichen Algonquin Park, vorbei an den Milchfarmen um New Liskeard.

Nach Cochrane.
Ein kleines Städtchen ist es, weit im Norden gelegen, das Tor zur unendlichen Wildnis Nord Ontario's.
Tief ziehen die Wolken hier, die Sonneneinstrahlung ist schwächer im Norden
und das Wetter wird stärker durch horizontale Luftströmungen bestimmt.
Ein beklemmendes, ja verlassenes Gefühl macht sich breit, der Einfluss wohl dieser menschenleeren,
abgelegenen Wildnis, des weiten, unbekannten Hinterlandes.
Man spürt förmlich die Nähe der Hudson's Bay, diesem riesigen, eisigen Meer...
Ein kleiner Zug fährt von hier durch unendliche Landstriche von Moor und Sümpfen
nach Moosonee. Und der Name sagt es schon:
Den Moose, den Elchen, gefällt es hier in Nord Ontario, und so gibt es viele davon...
Und die Menschen hier im harschen Norden?
Tja, wie kann es anders sein, wie doch immer in Kanada, so hab' ich auch hier
die Bevölkerung als sehr freundlich, hilfsbereit, höflich kennengelernt.
Es gibt nette Cafes, kleine Geschäfte mit Handarbeiten, Indianerkunst und vielem mehr.
So verliert sich das anfängliche Gefühl der Beklemmung und Verlassenheit schnell...

Jetzt nur noch nach Westen.
Kapuskasing, Hearst, kleine Städtchen, "Pulp Mill Towns".
Riesige Papierfabriken sind es hier, von denen das Wohl und Wehe dieser Städte
und dem grössten Teil ihrer Bewohner abhängt.
Die Arbeiter in den Pulp Mills sind gewerkschaftlich organisiert und werden gut bezahlt.
Ruhig ist das Leben hier, und wie so oft im ländlichen Kanada, ist es ein Platz für die Familie.
Viele gehen zur Jagd, im Winter Snowmobiling, im Sommer Angeln, Picnic, Barbecue...
Überhaupt ist Kanada ein Land für die Familie!
Die Grösse, die Weite... Hier muss man zusammen halten!
Man besucht sich, besonders im Winter, und man hilft sich gegenseitig.
Nicht umsonst wird Kanada immer wieder, und das schon seit Jahren,
als das zum Leben beste Land der Welt gewählt.

Kenora.
Mich hat dieses kleine Hafenstädtchen immer wieder zum Verweilen verleitet.
Es ist schön hier an den Ufern des "Lake of the Woods", oder übersetzt "See der Waelder"...
Weit, bis hinunter in die USA erstreckt sich dieser See, aber man sieht es nicht.
Tausende von Inseln, alle dicht mit Wald bewachsen, bewahren das Geheimnis seiner Grösse.
Tagelang kann man mit dem Boot auf Erkundungsfahrt gehen, Angeln,
anlanden an einer der Inseln, Campfeuer anzünden, die gefangenen Fische braten,
unter klarem Sternenhimmel staunend einschlafen...
Oft habe ich hier in diesem Städtchen übernachtet.
Während der Fahrt hab' ich meist mit Schlafsack in meinem Auto geschlafen.
Aber hier in Kenora, nach zurückgelegter halber Wegstrecke, gönnte ich mir ein Motel.
Ausruhen, noch ein bisschen umschauen,
die erlebten Eindrücke verarbeiten, nachdenken, sich Zeit lassen...
Man muss auch mal Zeit verschwenden, hatte ich irgendwo mal gelesen.
Wenn es so was überhaupt gibt - Zeit zu verschwenden...!?

## Geduld Geduld...

Ja, die braucht man schon für so eine Reise, besonders wenn man alleine fährt, so wie ich.
Doch oft fehlt sie uns, die Geduld, in unserer heutigen, schnelllebigen Zeit.
Am liebsten hätten wir doch alles schon heute, nein, gestern gehabt...?
Aber das geht natürlich nicht.
Gottseidank!
Leben wir doch so oft von der Hoffnung, von Wünschen, von Träumen...
Und haben wir's erst, so ist das Schönste auch schon vorbei!
Beispiele gibt es viele für mangelnde Geduld:
Vietnam, Russland, Irak, Afghanistan, um einige aus der Politik zu nennen.
Erbittert wurde in Vietnam Krieg geführt. Hunderttausende von Toten gab es, unsägliches Leid
kam über die gesamte Bevölkerung. Volkswirtschaften wurden durch Krieg und Kosten ruiniert.
Und Heute? Selbst, obwohl dieser Krieg vom Westen verloren wurde: Vietnam ist ein offenes Land!
Wir hätten doch nur geduldig abwarten müssen...
Russland - Ungeduldig wurde der Kalte Krieg geschürt! Mit ziemlicher Sicherheit darf man annehmen,
dass es auch hier zu einem Krieg gekommen wäre, aber es gab die Atomwaffen...!
Und Heute ? Trotz Kommunismus und Repressalien - Russland ist ein offenes Land!
Wieder hat die Geduld, das geduldig sein, funktioniert - Notgedrungen zwar, aber doch!
Oder ein Beispiel aus unserem täglichen Leben:
Schnell wird etwas gekauft - und billig - ja, billig muss es sein...
Obwohl die Freude an etwas neu Erworbenem mit dem Preis steigt!
Das heisst, ein teures Kleidungsstück macht mehr Freude als mehrere billige.
Natürlich muss man eventuell eine Zeitlang sparen...
Oder mit anderen Worten: Ein bisschen warten - geduldig warten.
Die Vorfreude aber, manchmal sogar ja das Schönste daran - die hat man gleich!
Und welcher Jäger hat mit Ungeduld je etwas erreicht?
Nein, nein, wir brauchen Geduld, müssen geduldig abwarten können - Und in vielen Fällen
lösen sich die Probleme dann ganz von selbst - oder entstehen erst gar nicht!

Nicht weit ist es von Kenora nach Manitoba.
Und Kanada verändert sich.
Hinter mir liegt jetzt der Osten, der Kanadische Schild, die Appalachen.
Beide bestehen aus uralten Gesteinsformationen,
abgehobelt und abgetragen von Millionen von Jahren der Erosion, von mächtigen Eispanzern der Eiszeiten.
Oft liegt das alte Gestein blank - Ein Eldorado natürlich für Geologen und Mineraliensucher.
Nicht umsonst gibt es hier den Erzabbau, die vielen Minen...
Und vor mir?
Schon bin ich in Manitoba, dem Beginn des Westens, des jungen Kanada's...
An Winnipeg geht es vorbei.
Es ist eine schöne Stadt, Winnipeg.
Eher ruhig, alles gibt es hier, sogar eine eigene Ballett Truppe hat Winnipeg!
Die Prairies: Flach, eine unendliche Weite, der Himmel erscheint riesig, oft scheint die Sonne,
die Luft ist sauber und klar, links und rechts Felder, gelb leuchtender Raps...
Fruchtbarster Schwarzerdeboden entstand aus den Ablagerungen und Sedimenten
des einstigen Meeres welches früher die Prairies bedeckte.
Saskatchewan folgt, die Landschaft ändert sich etwas, kleinere Hügel erscheinen,
ab und zu sieht man grasende Rinderherden, Weizenfelder...
Stetig und zügig gleite ich dahin in meinem "Rabbit", einem der ersten Golf Diesel, die gebaut wurden.
Wunderbar ist dieser Wagen für Kanada geeignet!
Geringster Dieselverbrauch, kaum Reparaturen, der Motor läuft wie eine Nähmaschine...
Weiter und weiter geht die Fahrt - Man braucht natürlich Geduld - 5500 km sind schon eine Strecke!
Aber es hat keinen Sinn zu rasen, schnell zu fahren in dem Glauben, früher anzukommen...
Meist bin ich ca. 90 km/h gefahren.
Das ist eine gute Geschwindigkeit:
Man kommt flott vorwärts, das Risiko ist reduziert, so auch der Stress -
Und man kann die vorbeiziehende Landschaft betrachten, in sich aufnehmen.
Wäre ich gerast, könnte ich diese Geschichte wohl nie schreiben...

Viel bin ich gefahren in meinem Leben.
Etliche Male quer durch Kanada.
Bei Sonne, Regen, Schnee, in allen vier Jahreszeiten -
Bei eisiger Kälte, wo der Diesel während der Fahrt einfror -
In Prairieblizzards, bei Eisregen über 1000 km durch Ontario...
Da ist die Strasse frei!
Nach Sankt Petersburg, Russland, bin ich gefahren, durch die Türkei nach Persien...
Nie hatte ich einen Unfall in meinem Leben.
Und hier das Geheimnis des unfallfreien Fahrens:

Fahren Sie langsam!
Alle, ja alle Unfälle werden verursacht durch zu hohe Geschwindigkeit für die jeweilige Situation.
Der Beweis: Sie bleiben stehen, fahren gar nicht, und haben so auch nie einen Unfall!
Es muss also an der Geschwindigkeit liegen - für die jeweilige Situation.

Die Hirsche im Wald: Wie vorsichtig und bedächtig bewegen sie sich!
Jäger, Trapper, Wildniswanderer:
Noch so viel Kraft nützt meist nicht viel. Aufpassen, Vorsichtig sein, sich langsam bewegen,
mit Bedacht handeln, vorher überlegen, Vorausdenken, Warten können, Geduld haben...
Das sind die Attribute zum Überleben in der Wildnis!
Und wir Autofahrer?
Noch einmal:
Fahren Sie langsam ... ! Haben Sie Geduld ... ! Geniessen Sie die Fahrt ...
Und vergessen Sie nicht, immer wieder mal anzuhalten...

Ach...
Und warum nicht gleich jetzt - hier in Saskatchewan?
In einem der kleinen, ruhigen Prairiestädtchen?

Ruhig geht der Strassenverkehr vonstatten...
Man hat es nicht eilig - Von Hektik ist hier nichts zu spüren.
Die Sonne scheint, und die Fassaden der Häuser grüssen hell im gleissenden Licht.
Wohn- und Geschäftshäuser sind niedrig gehalten, es gibt ja viel Platz -
Und so ist es nicht notwendig, in die Höhe zu bauen.
Manchmal könnte man meinen, man befände sich in einer der "Westerntowns", wie sie ja hinreichend
bekannt sind, wären da nicht die Wohnhäuser mit ihren Gärten, mehr im Englischen Stil.
Alles geht mit Ruhe zu, man hat es nicht eilig, nichts läuft einem ja davon...
Cafes, eine oder zwei Banken, eine Reparaturwerkstätte für Fahrzeuge aller Art, ein Hardwarestore,
die Ärzteklinik, Apotheke, Restaurants findet man hier in jedem Städtchen.
Und überall wird man mit Ruhe und Freundlichkeit bedient.
Zu gerne gehe ich ins Cafe, vielleicht mit einem Donut oder einer anderen Kleinigkeit zum Essen,
höre den Gesprächen der Gäste zu, schaue mich ein bisschen um und nehme die Atmosphäre in mich auf.
Man kann sich dem Gefühl kaum erwehren, einfach bleiben zu wollen,
alle Sorgen, Aufregungen, Schwierigkeiten und, ja, Verlockungen einfach hinter sich zu lassen!
Als ob es für immer wäre...
Natürlich ist hier manches anders, und schnell kann der Gedanke kommen:
"Das könnte besser sein ... Die machen ja alles ... Da müsste man"...
Aber nein, alles hat doch seine Gründe -
Nur, als Besucher oder Neuankömmling weiss man diese eben noch nicht!
Es ist doch immer gut, der Bevölkerung einen gewissen Respekt entgegen zu bringen.
Besser ein wenig Geduld haben mit den eigenen Gedanken und Reden -
Und lieber mal Schweigen aus Höflichkeit!
Hinterher ist man dessen oft froh, wenn man erstmal mehr weiss über alles...

Der Spruch
"Mit dem Hut in der Hand kommt man durch's ganze Land"
hat sich für mich noch immer und überall bewahrheitet!

*a*lberta.
Grasland erscheint, ab und zu Rinderherden, vereinzelt sind Farmen zu sehen,
Ranches, weit verstreut in weiter Landschaft.
Der grosse blaue Himmel wölbt sich über das Land, und in der Ferne, in weiter Ferne noch,
erscheint wie durch ein milchiges Blau eine Silhouette am Horizont.
Kein Zweifel mehr, es sind die Alberta Foothills, Vorberge der Rocky Mountains, der Felsengebirge.
Jetzt gibt es kein Halten.
Weiter!
Höher und höher "wachsen" die Hügel um mich herum, die ersten Felsenberge erscheinen,
Crowsnest Pass, der Krähennest Pass.
Links, rechts, vor und hinter mir die riesigen Berge, Felsen und Eisfelder ganz oben,
die steilen und dicht bewaldeten Hänge...
Ja ... das ist es ... Ich bin wieder hier ... In meinen geliebten Bergen!
Es ist mir, als ob ich jetzt Flügel hätte...
Ja, die Berge sind meine Flügel.
Unweigerlich huscht ein Lächeln über mein Gesicht.
Ja ... das ist es ... Ich bin glücklich in meinen Bergen!

*B*erge, Berge...
So weit das Auge reicht.
Blick vom Howser Ridge nach
Westen über die Gipfel der Selkirks
und Goat Range Park. Im Vordergrund
der tiefe Einschnitt des Lardeau Valleys.
Viele Jahre währte der Kampf
zwischen Umweltschützern und der
Holzindustrie um die Urwälder in den
Tälern dieser Gebirge. Heute sind
Teile dieses Inland Regenwaldes
im Goat Range Park geschützt.

Vorherige Seite:
Besinnliche Stimmung
am Kootenay Lake. Im Vordergrund
Fry Creek, Johnsons Landing.
Die ersten Siedler dieses Hamlets waren
Quäker aus den USA, die hier ein
abgeschiedenes, gottesfürchtiges
Landleben fern der "Zivilisation" führten.
Heute sind es, neben den einheimischen
Bewohnern, zunehmend Europäer,
die sich von der magischen Schönheit
dieses Sees angezogen fühlen.

*B*ritisch Columbia.
Nicht weit ist es und ich überschreite die Grenze zu dieser herrlichen Provinz.
Britisch Columbia, mein Shangri La, das Californien Kanada's...
Von Adlerschwingen getragen fliege ich jetzt...
Fernie, ein schönes, kleines Wintersportstädtchen mit massiven Felsblöcken an der einen,
und niedrigeren Waldbergen an der anderen Seite, zieht vorbei.
Man möchte verweilen hier, anhalten, wie ja überall in Britisch Columbia.
Aber ich hab' ein Ziel, und es ist jetzt in greifbarer Nähe.
Schnell tragen mich meine Schwingen weiter, um mich herum strömt die milde, warme Sommerluft,
hoch über mir die strahlende Sonne, und tief unter mir das Elk River Valley.
Herrlich ist der Blick, der sich bietet:
In weiten Schleifen meandert der Fluss durch das weite Tal.
Mal erscheint er in blauer, mal in grüner Farbe - Mal fliesst er durch weite Wiesen,
mal durch dichte Wälder. Stellenweise sogar gemächlich, doch meist rauscht das Wasser
in schneller Fahrt dahin. Gurgelnd geht es über Stromschnellen, über alle Hindernisse hinweg.
Bäume liegen im Flussbett - Sie werden umspült, unterspült und mitgerissen.
Nichts kann ihn aufhalten... Den Fluss...
Schon bin ich über Cranbrook, über dem weiten Tal der Kootenay und Columbia River.
Nicht lange hat er gedauert, mein Flug, mit Adlerschwingen von den Rocky Mountains herab.
Warme thermische Winde treffen mich jetzt. Stark hat die Sonne den Boden und die darüber
lagernde Luft aufgeheizt - An manchen Stellen mehr, an anderen wiederum weniger.
Wird der Temperaturunterschied zu gross, reisst die wärmere Luft plötzlich von der Erdoberfläche ab
und strömt als thermischer Aufwind nach oben.
Ah ... Der kommt mir gerade recht!
In weitgezogenen Kreisen geht es höher und höher. Stabil und leicht ist mein Flug,
hier gibt es keine Probleme mehr, keine Gefahren, keine Sorgen...
Nichts liegt mir im Weg, wie eins bin ich mit dem warmen, aufwärts strömenden Wind.
Der stetig kreisende, immer höher steigende Flug scheint
wie ein einziger, leichter Taumel der Freiheit...
Alles dreht sich um mich her:
Im Norden das lange und breite Tal des Columbia Rivers.
Zurück im Osten die langgezogene Felsenkette der Rocky Mountains.
Weit im Südosten die steil aufragenden Zinnen und Grate des Glacier National Parks.
Am südlichen Horizont schon das weit offene Montana.
Und im Westen mein Ziel, die West Kootenays mit ihren herrlichen Seen und Bergen,
den Kootenay und Slocan Lakes, Purcell und Selkirk Mountains...

Noch ein Blick vom Howser Ridge, diesmal nach Süden
auf Duncan und Kootenay Lakes. Beerensammler aus weiter
Umgebung schätzen im August die Huckleberrys und Blaubeeren,
die sich in kilometerweiten Feldern über den Bergrücken erstrecken.
Doch Vorsicht: Die Bären schätzen die Beeren auch!

**D**ie Kootenays.
Man sagt, wem es hier gefällt und wer einmal hier gelebt hat,
der kommt immer wieder hierher zurück.
Es muss was Wahres dran sein - auch ich bin wieder hier!
Auf den ersten Blick nicht so spektakulär wie die Rockys,
so sind die Kootenays an Vielfältigkeit doch nicht zu überbieten.

Alles gibt es hier...
Kootenay und Slocan Lakes, die herrlichen, tiefgründigen Seen, tiefe Täler mit ihrem
milden Klima und Obstanbau, wo selbst Pfirsiche in geschützten Lagen gedeihen.
Hohe Berge mit Gletschern und Eisfeldern...
Die Bugaboos mit ihren Zinnen und bis zu 1000 m abfallenden Steilwänden.
Die herrliche Farbenpracht der alpinen Blumenwiesen, kilometerweite Heidelbeerfelder...
Die steilen Hänge, bis auf über 2000 m Höhe bewaldet und der traumhaft schöne Wald selbst,
mit trockenen, im Regenschatten liegenden lichten Kiefern- und Douglasienbeständen
bis zu den Westhängen mit dichtem Regenwald - Hemlock, Fichte, Tanne, Zeder, Cottonwood...
Sturzbäche mit kristallklarem Wasser taumeln von den Höhen, die Seen haben Trinkwasserqualität.

Und die Tierwelt...
Bighorn Schafe, Schneeziegen, Grizzlys, Schwarzbären, Cougar, Maultier- und Weisswedelhirsche,
Wapitis, Luchs, Wolverine, Fuchs, bis hin zu Truthähnen, die oft inmitten der Dörfer tapsen...
Steinadler, Weisskopfseeadler, Habichte, Falken, Haselhühner, Schneehühner und mehr.
Sie alle nennen die Kootenays ihr Zuhause.

Das Frühjahr ist lang...
Schon Ende März treffen in manchen Jahren die ersten Schwalben ein.
Die Sommer sind warm und trocken, sauber und klar ist die Luft,
und die Sonne lacht zwischen den Bergen herunter in die Täler.
Ideal natürlich zum Baden,
bei Wassertemperaturen von 25 Grad in manchen Seen...

Duncan Lake. Im Gegensatz zum tiefgründigen Kootenay Lake
wärmt der flachgründige Duncan schnell auf. Sandige Kiesstrände,
grün und blau schimmerndes, sauberes Wasser, die Ruhe, die warme Kootenay Sonne...
Alles was das Sommerherz begehrt, bietet dieser See - Und für Unterhaltung sorgen die Fischadler:
Auf und ab fliegen sie, stossen im Sturzflug herab und eilen mit Beute
in den Fängen davon. Bis zum nächsten Mal...

*a*uch der Herbst ist noch immer recht warm und sonnig.
Der "Goldene September" zieht sich oft bis in den Oktober hinein.
Ende Oktober, so um den 22. herum, kommen dann aber von Westen die Wolken.
Langsam wandert der Schnee von den Bergen herab.
Doch in den milden Tälern gibt es selbst im Dezember und Januar nicht allzu viel davon.

Aber wenn es denn schneit...
Ja, es schneit als ob Frau Holle alle Betten auf einmal ausschüttelt!
Geschützt durch die hohen Berge ist es nicht windig -
Und sanft rieselt der Schnee in dicken, weissen Flocken herunter ins Tal.
Friedlich deckt er alles zu, selbst auf den kleinsten Ästchen der Bäume bleibt er liegen.
Mehr und mehr kommt hinzu, an manchen Stellen kann er sich nicht mehr halten, rutscht ein wenig ab...
Wie mit Girlanden verziert stehen die Bäume jetzt da.
In ihrem Schmuck.

Und die Wintersportler freuen sich...
Die Kootenay Berge liegen weit im Inland -
So sind es die letzten der von Westen hereinziehenden Wolken, aus denen es hier schneit.
Die starken Luftströmungen vom Pazifik mussten schon einige hohe Gebirgsketten überwinden.
Jetzt sind sie müde geworden, so scheint es...
Die Atmosphäre hat sich beruhigt, befindet sich wie im Equilibrium.
Ein letztes Mal stauen sich die Wolken.
Tagelang schneit es dahin.
Meterhoch türmt sich der leichte, flockige Schnee auf den Bergen.
In tiefem Pulverschnee wedeln sie jetzt herab, die Skifahrer und Snowboarder.
Heliskiing ... Snowcatskiing ... Ein Tiefschneeparadies!

Christine auf unserer Trapline im Lardeau. Teile der Trapline waren schwer zugänglich im Winter. So blieb nur die Möglichkeit des Motorschlittens oder der Schneeschuhe. Ich hab' mich immer für letztere entschieden. Mit keinem Laut wollte ich die so beruhigende und anheimelnde Stille in den tief verschneiten Wäldern stören...

*D*ie ersten Bewohner der Kootenays waren Indianer.
Die "Kootenai".
Und nach ihnen wurde dieser Teil Bitisch Columbia's auch benannt.
Sie lebten vorwiegend vom Fischfang, von Lachsen, die den damals noch unverbauten
Columbia River hinaufzogen - Aber auch vom Beerensammeln und der Jagd,
was diesem Naturvolk das Überleben ermöglichte.
In jüngerer Zeit, vor ca. 150 Jahren, kamen weisse Abenteurer und Entdecker
auf der Suche nach Pelztieren und Mineralien,
sowie Siedler aller Art auf der Suche nach einem neuen Leben...
Von den Mineralien wurden hauptsächlich Zink und Silber gefunden und abgebaut.
Die Berge sind übersät mit alten Minen.
Kilometerlange Stollen wurden von Hand in die Erde getrieben und die Erze mit Pferden zu Tal gebracht.
Das ganze Land war überzogen von emsigen, kleinen Minenstädtchen.
Heute sind die alten Stätten von dichtem Wald überwachsen.
Doch viele Minen haben die Zeit überdauert und sind noch im Originalzustand erhalten.
Es ist höchst interessant, die Minen und alte historische Stätten ausfindig zu machen und dort nach Münzen
oder ehemaligen Gebrauchsgegenständen jeglicher Art zu suchen.

Eine weitere Attraktion der Kootenays ist die äusserst vielseitige Kunst- und Kulturszene.
Viele Künstler nehmen hier ihren Wohnsitz, und von Frühjahr bis Herbst folgt eine Veranstaltung der anderen,
folgt ein Festival dem anderen.
Lebenskünstler fanden hier ihr Zuhause...
Die verträumte Ruhe der Natur lädt zu einer spirituellen Lebensweise ein, und es verwundert kaum,
dass bei der hohen Anzahl von Alternativlern aller Art besonders die Alternative Medizin
in allen ihren Formen gross geschrieben wird.
Ein wichtiger Wirtschaftszweig ist die Landwirtschaft, speziell der Obstanbau.
Der Tourismus allgemein, vor allem aber der Ecotourismus,
entwickelt sich und gewinnt immer mehr an Bedeutung.
Und natürlich gibt es auch die Holzindustrie, wie wohl überall in Kanada wo Bäume wachsen...
Sie ist noch immer die wichtigste Einkommensquelle hier.

Fast bin ich an meinem Ziel angelangt.
Langsam und gemütlich fahre ich jetzt dahin.
Bezaubernd ist die Schönheit der Natur rings um mich her.
Mit der öffentlichen Fähre geht es über den See weiter nach Norden,
durch das verträumte, reizende kleine Städtchen Kaslo,
ins wildromantische Tal des Lardeau Rivers zu meiner kleinen Farm.
Ich bin angekommen!

Lardeau River, Gold Hill, West Kootenay. Nur etwa eine Handvoll Häuser sind noch übrig geblieben von dem einstmals geschäftigen Minenstädtchen. Allerdings wissen die wenigsten, dass noch immer Minenschächte existieren, und diese sogar in unmittelbarer Nähe der Lardeau Brücke...

# Lardeau River.

Geradlinig und dicht am Lardeau entlang führt die Strasse, denn hier lagen früher die Bahngleise,
über die das Erz zum Verschiffen an den See gebracht wurde.
An beiden Seiten stehen hohe, riesige Bäume - Ab und zu öffnet sich ein Blick über den Fluss.
Dahinter dicht bewaldete, dunkelgrüne Hänge, gekrönt von mächtigen Felsen und Gipfeln -
Wie ewige Monumente ragen sie in den blauen Himmel.
Oft bin ich hier gesessen, an diesem wunderschönen Fluss.
Glasklar ist sein Wasser, und kalt, gespeist von den Gletschern der umliegenden Berge.
Mal erscheint er grün, mal blau, doch manchmal auch hell, klar und durchsichtig.
Bis auf den Grund kann man dann sehen.

Ein prächtiges Farbenspiel tut sich auf...
Sandiger Kies, kleine und grosse Steine, eckig, kantig, rund geschliffen, Findlinge, tonnenschwer...
Grau, beige, dunkel bis schwarz, gelblich, rötlich... In allen Farben und Schattierungen liegen sie
unter dem Wasser da, manche matt, manche glänzend, heller Kiesel, erzhaltig funkelnd...
Noch immer sind sie alle auf der Reise.
Manche von hoch oben in den Bergen, wo vor tausenden von Jahren alles begann.

Ganz ruhig erscheint das fliessende, klare Wasser manchmal, als ob es auf der Stelle steht.
Dann wiederum strömt es kullernd und rauschend über die ganze Breite des Flussbetts.
Wie eine ewige Lawine...
Spiegelnd, schillernd, hier Stromschnellen bildend, dort metertiefe, ruhige Pools.
Kleine Kobolde aus Licht und Schatten tanzen auf ihm,
und an diesem hellen Sonnentag erscheint der Fluss wie ein Clown.
Mit immer neuen, bunten Überraschungen...

Er gibt, er nimmt aber auch.
Selbst alte, grosse Bäume, ja Baumriesen, werden von ihm entwurzelt und weggetragen.
Manche können sich noch halten. Halb überm Wasser lehnend stehen sie da.
Doch sie beugen sich schon ihrem Bezwinger, die mächtigen Häupter demütig geneigt.
Andere liegen bereits mitten im Flussbett, noch in vollem Nadelkleid und mit Erde an den Wurzeln.
Wieder andere liegen schon lange da, uralte Baumleichen, kahl und bleich.
Unendlich vielfältig sind die Bilder und Eindrücke am Lardeau.
Die Farben, die Formen, die tausendjährigen Geschichten, die sich hinter allem verbergen...

Robert am Lardeau. Noch eine Besonderheit über diesen herrlichen Fluss. Nicht weit von hier, in Gerrard, laichen alljährlich im Frühjahr die Kootenay Lake Regenbogenforellen. Man kann sie gut im Wasser beobachten, denn an Grösse fehlt es ihnen nicht. Ein Meter Länge und 100 Pfund Gewicht sind keine Seltenheit für die Gerrard Rainbows...

**D**ie Tulpen Farm.
Eine äusserst interessante Geschichte nennt diese kleine Farm ihr eigen.
20 Kilometer entfernt vom nächsten Dorf liegt sie, ganz allein, einsam, inmitten der weiten Gebirgswelt.
Auf einem schmalen, sich am Berghang entlang ziehenden Plateau, hoch überm Tal.
Still ist es hier...
Aussergewöhnlich trocken ist diese Seite des Berges, kein Bach rauscht zu Tal,
und die gegenüberliegenden Creeks kann man nicht hören, ebenso wenig wie den Lardeau in der Talsohle selbst.
Das ist selten im Gebirge, hört man doch selbst auf den Gipfeln meist noch die Wasser rauschen.

Ein Engländer nahm hier seinen Wohnsitz.
Der Überlieferung zufolge liess er alles hinter sich und begann hier, in der "Neuen Welt", seiner neuen Heimat,
seine Homestaedt aufzubauen. Damals gab es nur eine kleine Erzbahn als Verbindung,
und zweimal im Jahr fuhr er mit dieser ins nächste Dorf, um Vorräte und Gebrauchsutensilien einzukaufen.
Alles hat er alleine und mit eigenen Händen geschaffen...
Ein Teil des Waldes wurde gerodet, für Weide und Feldanbau.
Dann ein Blockhaus gebaut, die Stämme von Hand geschält und mit der Axt behauen.
Eine Scheune war notwendig, und so baute er diese, allerdings in einem Stil wie ich es noch nie gesehen hatte.
Die gesamte, etwa acht Meter hohe Konstruktion besteht aus langen, dünnen Zedernstangen, welche als Gerüst dienen.
Für's Dach, aber auch für die Wände, hat er lange, breite Zedernschindeln verwendet,
alle aus dicken Blöcken mit Axt und Spaltmesser gespalten.
Wie lieblich und anheimelnd wirkt diese Scheune auf mich!
Da möchte man direkt selber einziehen...?
Immer wieder bin ich verwundert und beeindruckt, dass die Scheune ob der doch so leichten Bauweise
all die Jahre sicher überdauert hat, und das trotz meterhohen Schnees in manchen Wintern.
Es kommt doch nicht immer nur auf Kraft und Stärke an!
Manchmal scheint ein bisschen Leichtigkeit, oder leichte Bauweise, gepaart mit etwas Genialität,
oder Konstruktion, viel stärker zu sein als man sich vorstellt.
Und beständiger...
Gegenüber, halb in den Hang gebaut, ein Geräteschuppen und der Vorratskeller.
Beide aus massiven Zedernstämmen konstruiert und der Keller komplett mit Erde überdeckt.
Somit waren alle Vorräte vor den Winterfrösten sicher.

Ohne Wasser kann man nicht leben...
Fast ein Kilometer entfernt sprudelt eine kleine Quelle mit kühlem, klarem und sehr weichem Wasser.
Nirgendwo habe ich jemals besseres Wasser gefunden als dieses hier! Es ist einfach köstlich!
Doch leider versiegt es schon nach kurzer Strecke wieder im Boden.
So wurde die Quelle eingefasst, wiederum mit selbst gespaltenen Zedernbrettern, und ein „Flume",
eine massive Holzrinne gebaut. Ganze Zedernstämme wurden hierzu in mühsamer Arbeit mit der Axt
halb ausgehöhlt, und, sich überlappend, auf eigens hierfür konstruierte niedrige Gestelle gelegt.
Bis hinunter vors Haus.

Leider habe ich keine bessere Aufnahme von der Tulpen Farm.
Ich hab' selten fotografiert, und wenn ich es doch mal versuchte, war es nie möglich,
die blendende Schönheit um diese Farm auch nur annähernd wiederzugeben. Ich hab's dann aufgegeben.
Hier nur eine wohl eher mittelmässige Aufnahme, um überhaupt ein Bild von der Tulip zu zeigen.
Selbst die wunderschöne Scheune ist leider nicht zu sehen. Sie steht verdeckt
hinter dem grossen Kastanienbaum halb rechts in der Mitte.

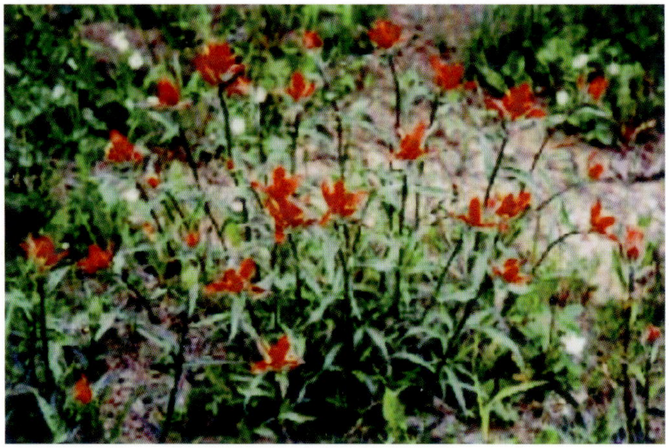

Schier unerträglich ist die Schönheit ringsum!
Das Panorama der umliegenden Berge, die Gipfel, die Schneefelder, die Lawinenhänge, die Ferne...
Das helle Sonnenlicht!
Nach dem zweiten Weltkrieg waren die holländischen Tulpen- und Blumenfelder zerstört
und es bestand ein grosser Bedarf zur Neuanpflanzung.
Die ganze Farm erblühte damals in Tulpen, Narzissen, Krokussen -
Und die Knollen und Zwiebeln wurden nach Holland verschifft.
Es muss ein zauberhaftes Bild gewesen sein:
Tausende von blühenden Blumen, in allen Farben, ihre Köpfe wiegend in leichter Brise...
Die ganze Farm ein einziges Blumenmeer, umgeben von herrlichem grünen Wald...
Dahinter die hoch aufragenden hellen Gipfel der Berge...
Wie gigantische Blöcke liegen hier drei Bergzüge nebeneinander,
getrennt durch steile, tiefe Einschnitte der Sturzwasser.
Und in weiter Ferne, so weit das Auge reicht, zackige Grate und Zinnen,
Silhouetten am Horizont, fast schon eins mit dem Blau des Himmels.
Dem tiefblauen Kootenay Himmel...

Unwillkürlich fallen mir die irischen und keltischen Balladen Loreena McKennit's ein.
Es ist mir als kann ich sie hören...
Mit ihrem wehmütigen Gesang und dem verträumten Harfenspiel.

Ja, das ursprüngliche Blockhaus ist abgebrannt, wie auch die anderen Gebäude.
Nur die Scheune steht noch.
Verschwunden die Blumen, Tulpen, Narzissen, Krokusse, die hier jedes
Frühjahr aufs neue erblühten und die gesamte Farm bedeckten.
Sie sind verblüht und die Tulpen Farm gehört mir nicht mehr,
ich habe sie damals verkauft und bin weitergezogen...

Geblieben aber ist die Geschichte dieser Farm.
Der Tulpen Farm.
Und geblieben ist auch die ewige Schönheit der herrlichen Berge ringsum.
Noch immer fliesst das köstliche, klare Quellwasser.
Noch immer hat die wie auf leichten Füssen stehende Scheune überlebt.
Und noch immer rauschen die Wälder im leichten und warmen Sommerwind...

**D**ie Hirsche.

In steilen Serpentinen windet sich der schmale Zufahrtsweg nach oben.
An beiden Seiten stehen Lärchen, hoch und gerade gewachsen, in gelbem Herbstkleid leuchtend.
Nach kurzer Fahrt bin ich auf dem Plateau.
Dann noch ein paar hundert Meter weiter durch tiefen Mischwald aus Kiefern, Douglasien,
Fichten, Tannen, Zedern, Hemlock, Birken, Pappeln, Cottonwoods...
Und ein faszinierender Ausblick öffnet sich:
Hohe, gelbe, unter der Sonnenglut des Sommers vertrocknete Wiesengräser stehen absolut still,
wie ewig, in der warmen Abendsonne. Kein Lufthauch ist zu spüren. Am Wiesenrand das Haus.
Dahinter folgt der Blick dem immer steiler werdenden Hang nach oben. In hellem Grün zeigt sich der Bergwald.
Überwiegend sieht man Douglasien, dazwischen aber auch Fichten, Kiefern, Hemlock, Zedern...
Weiter oben dann Alpine Tannen, kürzer und schlank, in offenen, lichten Beständen oder einzeln stehend.
Und immer wieder Heidelbeerfelder... Heidelbeerfelder, soweit das Auge reicht...
Kilometerweit ziehen sie sich dahin!
Über den breiten Bergrücken und an den Seiten entlang.

Jetzt aber erst mal Feuer machen, es ist kühl im Haus.
Trockenes Zedernholz ist immer da. Ein paar Späne - man kann sie direkt mit dem Streichholz anzünden -
ein paar Holzscheite, und schon breitet sich eine wohlige und anheimelnde Wärme aus.
Jetzt noch gleich nach draussen, den Schacht öffnen, das Wasser aufdrehen.
Und schon fühl' ich mich wieder zu Hause!
Doch erst mal schlafen, ausruhen, nach langer Fahrt... Morgen ist auch noch ein Tag!
Gemütlich warm ist es im Haus, draussen funkelnder Sternenhimmel,
der Mond geht auf und lacht auf mich herunter... Und ich lache auch...!
Ganz allein bin ich und winzig, ja, winzig in dieser gewaltigen Natur...
Aber ganz so allein bin ich doch nicht!
Ein Wiesel, ein Hermelin, wohnt bei mir. Nachts lasse ich ihm ein Stück Butter auf der Anrichte.
Und als Dank: Keine Maus im Haus!
Wir haben uns immer gut verstanden.
Aber jetzt ... Gute Nacht!

Jeden Tag bin ich gewandert.
Nicht allzu weit meistens, einfach nur dahin wo mich die Neugierde
und der Entdeckerdrang hingelockt, hingeführt haben. Die geliebte Büchse geschultert, ein kleiner
Rucksack mit Brotzeit und Überlebensutensilien auf dem Rücken, den Köcher mit dem Fernglas umgehängt.
Nahezu unvorstellbar ist es, was sich in einem Berghang alles verbirgt.
Fährt man nur die Strassen entlang und schaut die Hänge hinauf, kann man es nicht sehen. Der Wald selbst verändert
sich mit jedem Schritt, immer neue Perspektiven tun sich auf, neue Ausblicke... Gerne ging ich immer wieder zu einem
besonders schönen, kleinen Waldstück. Hab' dort gerastet, nachgedacht, mich an der Schönheit erfreut.
Ein Kleinod war es...
Hemlock Tannen standen da, auf einem kleinen, sanft gewölbten Hügel. Gerade und hoch gewachsen waren sie,
noch nicht allzu alt, mit fein gemaserter, leicht borkiger Rinde und dunkelgrünen, flachen Nadeln. Eher licht war
der Bestand, und so fielen die Sonnenstrahlen bis herunter auf den mit weichem Moos bedeckten Waldboden.
Friedlich und schön war es hier. Wie in einem von Menschenhand geschaffenen Park inmitten der Wildnis.
Ein Pilzwald...
Gern ging ich auch immer wieder zu meiner Quelle.
Sie entsprang in einem kleinen Tal am Hang, einem Einschnitt, parallel zum Berg verlaufend. Feucht und kühl war es hier
inmitten der dicht stehenden Hemlocktannen und Zedern. Wie mit Speeren gespickt waren sie, bis dicht über die Erde,
mit ihren dünnen, abgestorbenen Ästen. Alte, umgestürzte Bäume lagen auf dem Boden, manche schon vermoost.
Wild und urtümlich sah es aus.
Rechts von dem schmalen Tälchen setzte sich der Hang nach oben fort und links war ein Felsrücken.
Immer schon haben mich Felsen fasziniert! So kühl und kalt, uralt und mächtig.
Ich muss einfach hinaufsteigen, wie ein Drang ist es immer wieder.
Aha - Und schon bin ich oben...
Massiv und solide ist der Fels hier, weder kleine Steine noch Schiefer liegen herum. Dünnes Moos wächst bis
zu den Rändern - Flechten aber ist es gelungen, sich über die ganzen Steine hinweg festzukrallen.
Hunderte von Jahren schon überdauern sie, drahtig und borstig fühlen sie sich an,
und mit ihrem Flechtwerk überziehen sie die ganzen Felsen.
Schön sehen sie aus, die Flechten, in ihren ruhigen Farben.
Dunkel bis schwarz, grau, hellgrau, manchmal leicht gelblich, leicht rötlich.
Geschmackvolle Kleider für das helle Gestein...

*J*a, hier lässt es sich gut laufen...
Und es scheint, ich bin nicht der Einzige, der da ab und zu läuft.
Lange, lange Zeit vor mir, wohl schon seit Tausenden von Jahren, sind sie hier gegangen.
Die Hirsche.
Weisswedelhirsche...
Haben sich niedergetan, ausgeruht, sich in der Sonne gewärmt.
Die meiste Zeit des Tages verbringen sie hier oben auf den vorgelagerten Plateaus.
Am späten Nachmittag allerdings wandern sie gemächlich und vorsichtigen Schrittes ins Tal zum Äsen.

Beide Seiten des Felsrückens sind gut zu überblicken.
Links das kleine Quelltälchen, rechts den Abhang hinunter, und auf und ab den kargen Felssteig selbst,
der eher verstreut nur mit Bäumen bestanden ist.
Hier fühlen sie sich sicher, die Hirsche, hier legen sie sich zum Ruhen nieder.
Meist unter den ausladenden, beschützenden und tarnenden Ästen einer alten Tanne -
Auf trockenen, warmen, weichen und bequemen Nadelbetten...

Doch immer auf der Hut sind sie!
Schon aus über einem Kilometer Entfernung nimmt ihre feine Nase Gerüche wahr.
Zugetragen vom aufwärts strömenden Bergwind.
Immer wieder drehen sie sich um und äugen umher.
Langsam ... Bedächtig ... Aufmerksam ...
Mit scharfen, dunklen Augen.
Unentwegt bewegen sich ihre Lauscher in alle Richtungen.
Jedes noch so geringe Geräusch wird wahrgenommen...

Übrigens ... Hier hat ein Jäger schlechte Karten!

Mule Deer im Frühjahr. Nach langem, entbehrungsreichem Winter sind die Hirsche geschwächt. Es ist verständlich, dass jetzt das erste junge Gras eine unwiderstehliche Verlockung darstellt. Da wird die sonst übliche Vorsicht auch mal ausser acht gelassen...

**H**errlich ist das Wetter!
Man kann sich drehen und wenden wie man will - Nur schön ist es!
Der tiefblaue Kootenay Himmel...
Die hellen Gipfel, das rötliche Leuchten der alpinen Heidelbeerbüsche,
Lawinenhänge bis hinunter ins Tal, die Wälder durchsetzt mit dem herbstlichen Gelb der Laubbäume,
die hohen, vertrockneten Wiesengräser vor dunklem Tannengrün...

Still ist es.
Vollkommen still, manchmal nur unterbrochen durch das leise Rascheln der Blätter im kaum spürbaren,
sanften Hauch der Luft. Nun liegen sie am Boden, die Blätter. Den ganzen Sommer über haben sie fleissig gearbeitet,
das Sonnenlicht gierig aufgenommen und umgewandelt in Energie, in neues Wachstum der Bäume.
Jetzt werden sie nicht mehr gebraucht.
Müde wurden sie... Abgestorben...
Aber ihr Weg, ihre Laufbahn, ist noch nicht zu Ende.
Der Schmuck der Erde sind sie jetzt mit ihren herrlichen Farben und Formen.
In dichtem, weichem Teppich liegen sie da und wärmen, schützen, nähren den Boden, die Pflanzenwurzeln
und Milliarden kleiner Lebewesen im Erdendunkel. In tiefen Schlaf sind sie versunken...
Doch nicht allzu lange währt er!
Schon erwachen die Bäume wieder aus ihrer Winterruhe.
Schon spitzen die ersten jungen Blätter hervor aus ihrem Knospenbett, erblicken das Licht der Sonne...
Und emsig und fleissig gehen sie wieder ans Werk.

Steil ist der Hang hinter dem Haus - Sehr steil mitunter.
Durchsetzt mit Felsen inmitten einzelstehender Bäume, aber auch losem Gestein, Schiefer...
Da heisst es aufgepasst!
Schnell rutscht das lockere Schiefergestein ab, und „wusch", geht es in die Tiefe.
Das kann man sich in der Wildnis nicht leisten!
Also Vorsicht ... Behutsam steigen ... Jeden Tritt vorfühlen ... Sich festhalten ... Aber auch da vorfühlen,
sich vergewissern ... Ist der Halt auch sicher? Langsam steigen ... Sich Zeit nehmen ... Bedächtig!

Ah ... Ein Pfad liegt vor mir, wohl ein alter Wildwechsel.
Etwas flacher wird es jetzt, ein kleiner, sich am Hang entlang ziehender Absatz,
nicht breit, ein paar Meter nur.
Aber einladend ... Zum rasten, hinsetzen, ausruhen, umschauen...
Warm scheint die Sonne auf den Südhang, alles ist trocken und die Wärme verstärkt noch
den süsslichen, angenehmen Duft der grünen Tannennadeln, der Baumrinde, der Sträucher,
des trockenen Holzes, des Nadelbettes.
Ein Gefühl der Ruhe und Zufriedenheit überkommt mich - Wohlig und sicher...
Hier bin ich eins mit der grossen Natur.
Hier komme ich her!
Und da gehe ich auch hin...

Zwei scheue Waldbewohner...

*N*icht das erste Mal bin ich hier in der warmen Sonne gesessen.
Es war ein wunderschöner, milder Herbsttag.
Alles war still rundum.
So still, dass ich immer wieder erschrak vom Rascheln der ab und zu
die Büsche und Bäume herabrieselnden Blätter.
Erschrak sogar über die schnell und emsig zwischen Steinen,
trockenen Gräsern und Blättern dahinhuschenden Mäuschen.
Die gesamte Atmosphäre schien sich in vollkommenem Stillstand zu befinden.
Kleine Wölkchen bildeten sich in halber Höhe vor den gegenüberliegenden Bergen.
In absoluter Ruhe schwebten sie, bewegten sich nicht, zogen nicht weiter.
Nach einiger Zeit lösten sie sich wieder auf und verschwanden ins Nichts, wie sie gekommen waren.

So auch die Hirsche.
Wie Geister erschienen sie plötzlich.
Erst einer, dann zwei ... Drei, vier, mehr und mehr ... Fünfzehn waren es an der Zahl.
Mit langsamen, vorsichtigen Schritten kamen sie daher.
Haben ab und zu verhofft, an Knospen und feinen Zweigspitzen genippt.
Ihre Geweihe glänzten in der Sonne und mit dunklen Augen schauten sie mich an.
Sie waren zutraulich, als ob sie mich nicht einmal bemerkten.
Näher und näher kamen sie ... Bis ich umringt war ... Inmitten der Hirsche ... Zum Greifen nahe!
Zwei, drei Meter vor, neben und hinter mir.

Stattlich waren die Geweihe, die sie trugen.
Dunkelbraun, und zu den Spitzen hin, durch häufiges Fegen an Bäumen und Ästen wohl,
hell werdend, bis elfenbeinfarben.
Der Kopf schlank, wie auch ihre ganze Figur - Und ihre grossen Ohren, die Lauscher,
bewegten sich unaufhörlich nach allen Richtungen. Kein Geräusch entgeht ihnen!
„Zwei Ohren zum Hören, ein Mund zum Sprechen", sagt man.
Sie scheinen es zu wissen - Vielleicht sind sie deshalb so klug...?
Mule Deer waren es, Maultierhirsche.
Ein mulmiges Gefühl kam in mir auf...
Was wohl, wenn einer erschrak,
mich vielleicht angriff mit seinem Geweih, den spitzen, dolchartigen Enden?
Nein!

Friedlich waren sie, die Tiere.
Sie sahen mich nur an mit ihren grossen und glänzenden Augen.
Könige der Wälder.
Souveräne Bewohner aus einer anderen Welt... Einem anderen Reich...
Sie haben ja keine bösen Gedanken, kein "Wenn aber dies, dann aber das"...
Sie gehen ihren Weg. Und lassen andere auch ihren Weg gehen. Sie leben und lassen leben.
Tolerant und grosszügig...!
Schön waren sie, die Hirsche, in ihrem hellbraunen Fell, mit graziösen, schlanken Läufen
und schmalen, eleganten Hufen.
Selbstbewusst sahen sie mich an - Mit ruhigen, tiefen, aus der Ewigkeit zu kommen scheinenden Blicken...

Keine Eile hatten sie und jegliches Gefühl für Zeit schien ihnen fremd.
Hätten sie mich gekannt, vielleicht hätten sie mich sogar bedauert...?
Wie sie kamen, so gingen sie auch. Langsam zogen sie weiter, wie jedes Jahr im Herbst.
Von den hochalpinen Einständen im Sommer in die Niederungen der Täler im Winter.
Nur ein einziges Mal gaben sie mir dieses grandiose Gastspiel.
Wie in einem Theater war es:
Die herrlichen Berge als Kulisse ... Die schönen Hirsche als Akteure ... Und ich, der Zuschauer.
Nie werde ich dieses Erlebnis vergessen.
Ein Einblick in eine andere, uns doch so fremde Welt, tat sich auf.
Ein Einblick in die Ewigkeit selbst...

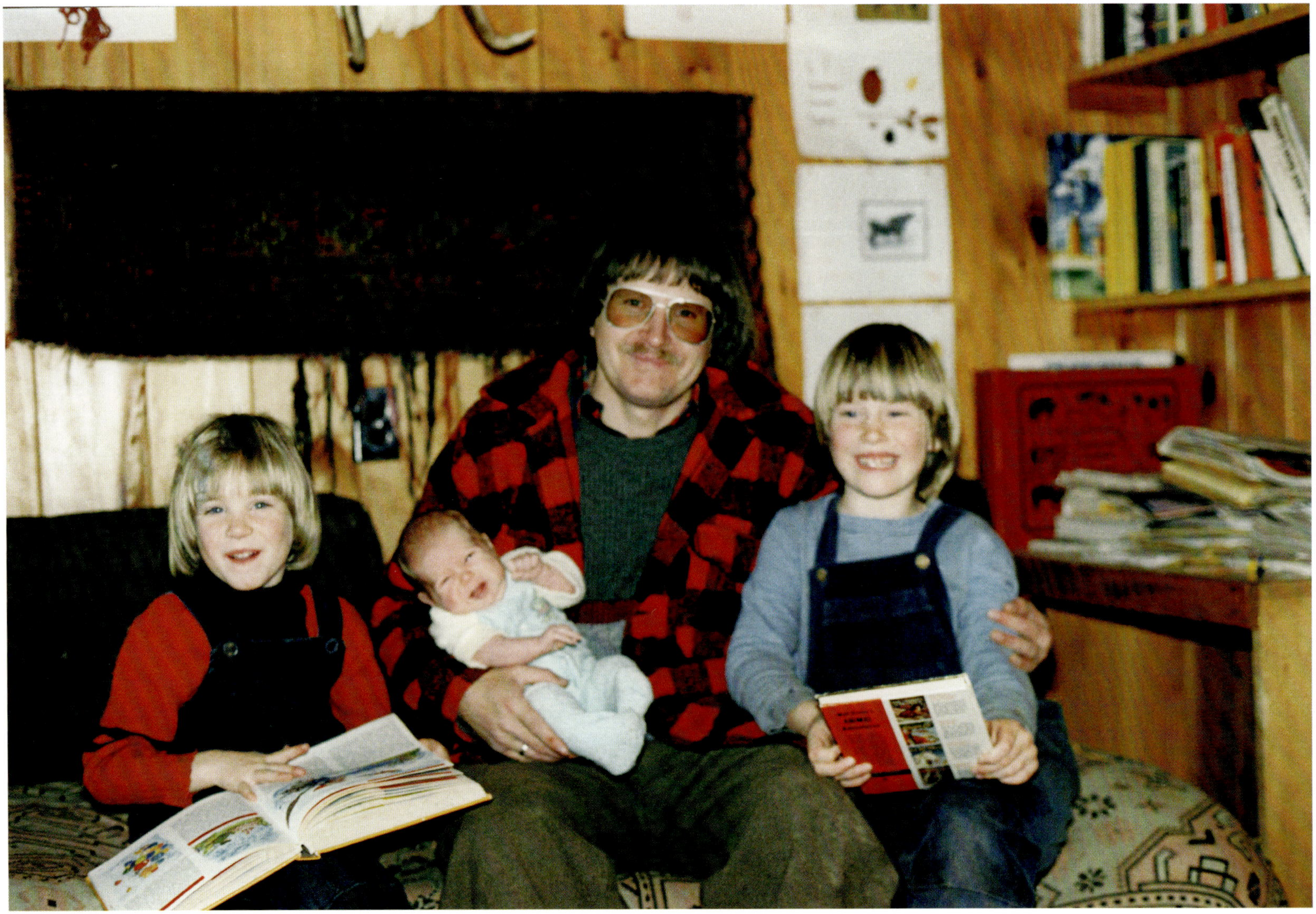

*Hier,*
*im Nordwesten Britisch Columbia's,*
*am Rande des Regenwaldes,*
*in Hemlock- und Kiefernwäldern kann man ihn finden.*
*Und nur da!*
*Eigentlich sucht man nach dem Wald - Dann findet man auch die Pilze.*
*Aber nicht so einfach...*
*Manchmal im tiefen Nadelbett der Bäume - Manchmal im dünnen Moos.*
*Oder manchmal auch unter tiefem Moos versteckt...*
*"Elusive" eben!*
*Nur ein kleiner Huckel verrät ihn...*
*Den Pilz.*

*Unter tiefem Moos - Im tiefen Nadelbett - Ein kleiner Riss im blanken Waldboden...*
*Mit aller Kraft drängt es ihn ans Licht...*
*Den Pilz.*
*Natürlich, hat er's erst einmal geschafft - Dann findet man ihn leicht!*
*Schon von weitem leuchtet er...*

*Nach Japan gehen diese Pilze.*
*Noch am Abend sortiert, gesäubert, zum Flughafen gebracht.*
*Nochmal sortiert:*
*Und am nächsten Tag schon sind sie auf dem Weg nach Tokyo...*

Meist erscheinen die ersten Pilzekäufer Mitte August.
Im Wohnwagen...
Davor ein Holzgerippe, eine Plane darüber gespannt, ein, zwei Tische,
Kaffee, Plätzchen...
Mehr und mehr Käufer kommen.
Wie die Schwalben dem Frühling - So folgen die Pilzkäufer den Pilzen...
Nach und nach ... Nachmittags ... Gegen Abend ... Bis in die Nacht hinein ... Kommen die Pilzesucher.
Manche mit Plastiktüten voll - Andere mit gefüllten Rucksäcken.
Wieder andere mit ganzen Eimern voller Pilze...
Preise werden ausgehandelt - Ein bisschen mehr hier - Ein bisschen weniger dort.
Morgen vielleicht umgekehrt...
Täglich schwanken die Preise, oft sogar vom Nachmittag in den Abend hinein.
Eine Bude nach der anderen sieht man - entlang der Dorfstrasse.
Hell erleuchtet in tief dunkler Nacht...

Abertausende von Dollars werden hier bezahlt - in bar.
Tausende von Pilzesuchern kommen alljährlich.
Und Pilze im Wert von Millionen werden jedes Jahr ausgeflogen.
Ich kann mir nicht helfen:
Kann der Goldrausch so viel anders gewesen sein...?
Ich bin nicht reich geworden...
Als Idealist...!
Aber gerne gehe ich auch in die Pilze - Manchmal...
Doch erst mal in Ruhe Kaffee trinken - und nicht im Regen...
Auch nicht in die grossen Pilzfelder, wo man schon früh am Morgen sein muss.
Nein, eher in die Randgebiete - Wo die Pilze auch wachsen...
Aber nicht genug,
..... Für's grosse Geld .....

Ein typischer Pilzwald. Der Baumbestand ist etwa 50-80 jährig und besteht aus Hemlocktannen, durchsetzt mit einzelnen Kiefern. Hemlock bevorzugen feuchte Standorte, Kiefern hingegen trockene. Beide Baumarten müssen aber vorhanden sein. Die Pilze wachsen dann meist auf trockenen Hügeln oder auf trockenen, erhöhten Stellen an den Hängen.

*Still ist es hier.*
*Niemand sonst geht da.*
*Nur das Wasser murmelt leise.*
*Vögel singen - Der Wind rauscht in den Bäumen...*
*Höher und höher geht es - Den Berghang hinauf - Von Pilzbaum zu Pilzbaum.*
*Pilzgärten - In dunklem Schatten oder hellem Sonnenlicht...*
*Hinsetzen.*
*Kaffee trinken.*
*Die gesammelten Pilze bestaunen.*
*Bewundern...*
*Nachdenken...*

*Wie der Wind fliegen die Gedanken zu...*
*Vieles wird klar - Erscheint einfach.*
*Mit sich selbst denken...*
*... Allein ...*
*Im tiefen, stillen Wald.*
*Nein - Die Bäume antworten nicht.*
*Die uralten, halbverwitterten Wurzeln können nicht sprechen.*
*Der Waldboden - Das sanfte Moos - Sie sind still.*

*Aber es ist hier,*
*..... Wo die Weisheit wohnt .....*

Bergurwald aus Hemlocktannen.
Allerdings wachsen die Pilze hier nicht.
Die Bäume sind zu alt und der
Boden ist zu feucht.

# Jäger und Fallensteller

## Gern bin ich zur Jagd gegangen - Oft bin ich zur Jagd gegangen

War's im Osten Kanada's, in Neu Braunschweig, oder im Westen, in Britisch Columbia.
Immer hab' ich weit draussen gewohnt, in der Wildnis...
Kein Licht irgendwelcher Nachbarn war zu sehen, kein Laut von jemandem zu hören.
Die geliebte Büchse geschultert, das Glas im Köcher umgehängt,
ein kleiner Rucksack mit Überlebensutensilien.
Eine Thermoskanne Kaffee, selbstgebackenes Brot, selbstgemachter Käse, zwei Äpfel.
So ging's immer wieder in den Wald...

Manchmal für Tage und weit, aber meist nicht so weit und nur für Stunden.
Das Wild ist ja überall - Oder nirgends, wenn man's sucht...!
Aber immer findet man Spuren.
Also muss er doch da sein - Der Bär, der Hirsch, Elch, Wolf, Coyote, Fuchs...

Die Natur ist immer interessant, verbirgt Geheimnisse, offenbart sie auch manchmal.
Vögel singen, Bäche murmeln, Wasser rauschen, Flüsse tosen, dort eine Quelle...
Tiefes, weiches Moos, stiller Waldboden, schon wieder eine Welt für sich!
Blätter, Sträucher, Beeren, tiefes Nadelbett...
Der Wind weht leise, flüstert, rauscht, stürmt - Oder tiefe Stille.
Auch sie kann man hören...

In immer neuem Gewand zeigt sie sich, die Natur.
Ob Frühjahr, Sommer, Herbst, Winter.
Das Himmelsblau in allen Färbungen, Grün in allen Schattierungen,
die Farbenpracht der Sträucher, Blüten und Blumen,
Sonnenauf- und Untergang...
Die Nacht.

Meine Rosi und ich.
Obwohl ich kein passionierter Reiter bin, habe ich doch nur gute Erfahrungen mit meiner Rosi gemacht. Überall ging es hin. Ob durch dichten Wald, durch dichtesten Busch, ob auf oder ab, durch's Wasser sowieso - Für Rosi gab es kein Halten! Natürlich immer im Schritt und mit Vorsicht...

Schneeschuhe sind unumgänglich, will man nicht den Lärm eines Motorschlittens in Kauf nehmen. Ich wollte es nicht, und so war meine Anzahl der gestellten Fallen viel geringer als bei den Professionellen. Doch was kümmert's einen Idealisten...? Durch den weichen Schnee zu laufen und die herrliche Stille zu „hören" waren mir hundertmal mehr wert...

Besonders schöne Plätze gibt es im Wald.
Da geht man immer wieder gerne hin.
Niedersetzen auf den Waldboden, unter's Kronendach eines alten Baumes.
Eine Tasse Kaffee trinken, ein belegtes Brot...
Nachdenken ... Hören ... Sehen ...

Schön ist er hier, der Wald, wunderschön!
Dunkle Tannen in den Tälern - Grüne Fichten und Zedern umsäumen den Flusslauf.
Dicht und hoch wachsen die Bäume, windgeschützt durch die umliegenden Hügel.
Am Rande der Talsohle geht der Nadelwald über in Laubwald.
Vereinzelt zuerst erscheinen die Laubbäume, dann mehr und mehr, bis zum fast reinen Laubwald auf den Hügeln.
Zuckerahorn (Sirup), Rotahorn, ein paar Buchen, weisse und gelbe Birken, Eschen,
vereinzelt und selten ein Eisenholzbaum, wie man ihn hier im Volksmund nennt.
Fünfzehn verschiedene Baumarten hab' ich gezählt...

Herrlich und wunderschön war mein Wald immer.
Ob im Winter die kahlen Ahornbäume mit leuchtenden Stämmen, ob gelbe und weisse Birken...
Im Frühjahr das zarte, leuchtende Grün neuer Blätter...
Der Herbst mit seinem einmaligen, traumhaft schönen Farbenspiel der roten und gelben Ahorne
in klarer, sauberer Luft und hellem Sonnenlicht...

Lange schon stehen die Bäume hier, die alten.
Viel haben sie gesehen, haben heruntergeschaut - Wer da geht, wer da steht, und wer da rastet...
Gastfreundlich sind sie, die Bäume, ist er, der Wald.
Schutz und Nahrung gibt er allen - Den Tieren, dem Menschen.
Nicht alle behandeln ihn wie es ihm gebührt - Oft wird er missbraucht.
So kommen manche auch nicht wieder...
Der Wald aber, er bleibt, heilt seine Wunden - Und mit vereinter, millionenfacher Kraft
wächst er aufs neue, bietet Schutz und Nahrung...
Und Schönheit...!

Gerne mag ich den Wald, und die Tiere und Pflanzen, die darin wohnen.
Und gerne gehe ich zur Jagd.
Nicht oft ist es, dass ich mit Beute nach Hause komme...
Braucht doch selbst der Tiger zehn Versuche, bis es ihm gelingt, einmal Beute zu schlagen...
Aber immer wieder zieht es mich hinaus in den Wald.
Es könnte ja sein...!

# Der Bär

*-- Jagdglück in Neu Braunschweig --*

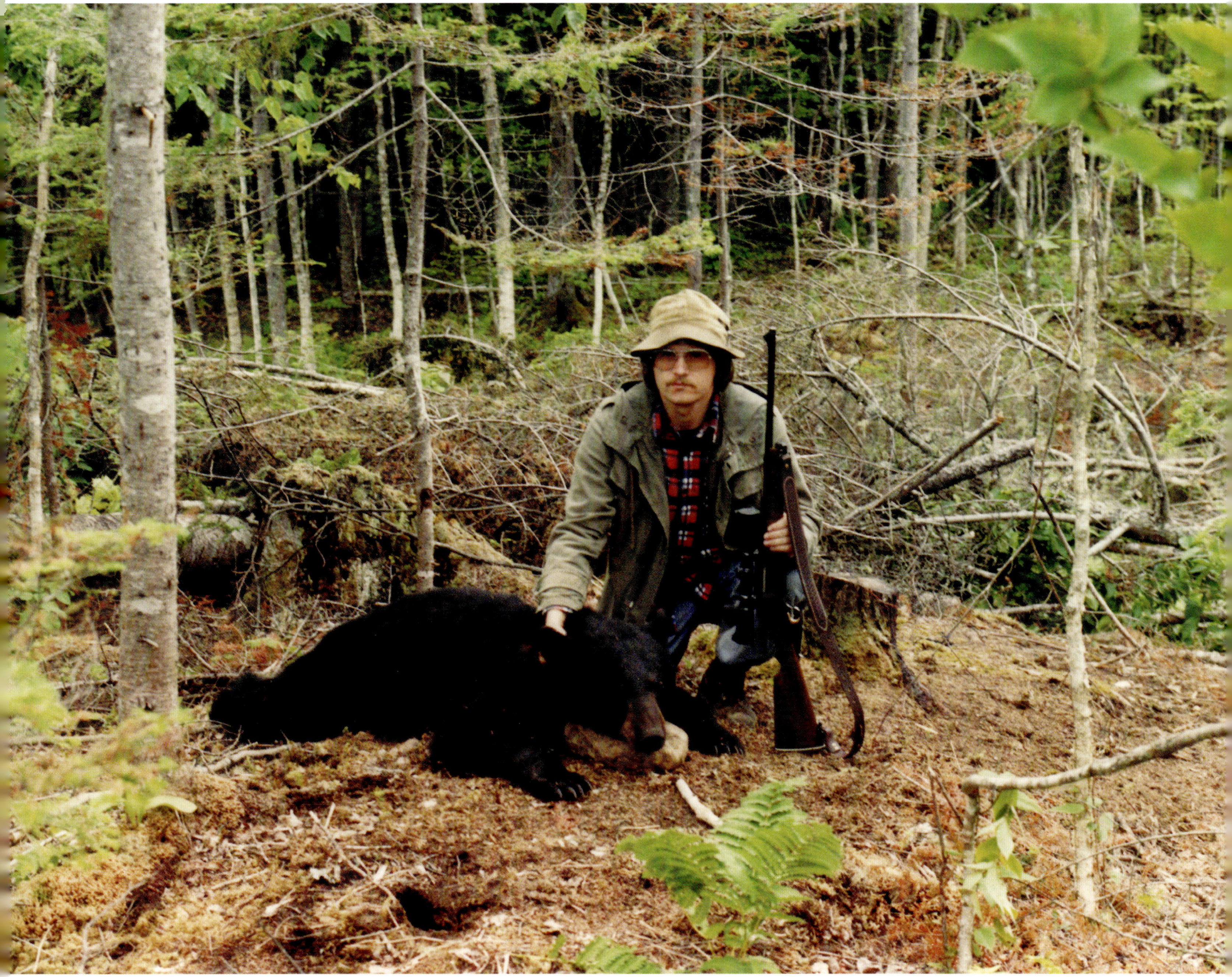

𝓜 ai ist es - Der Wonnemonat...
Das Wetter ist sonnig und warm.
Die Knospen an Büschen und Bäumen springen auf
und kleine Blätter erscheinen, in hellem Grün...
"Wenn die jungen Blätter so gross sind wie ein Mäuseohr ist es Zeit Kartoffeln zu pflanzen"
sagen die Farmer.
Vorbei ist der Winter.
Vorbei die Blizzards mit ihrem heulenden Sturm.

Doch nur ein paar Wochen ist's her...
Der Schnee wirbelt ums Haus, meterhohe Schneewehen türmen sich auf.
Selbst durch kleinste Ritzen dringt der feine Pulverschnee
und kreiert kunstvoll geschwungene, flockige Gebilde.
Manchmal wie hingehaucht, dünn und fein, manchmal wie hingeschüttet...
Vorbei die eisigen, sternenklaren Nächte mit klirrendem Frost, dem Krachen der Bäume,
wenn die Holzfasern vor Kälte bersten...
Ungehindert überflutet der eisige Nordwestwind das flache Land.
Aus der Kältefabrik der nördlichen Prairies und der Hudson's Bay kommt er, treibt den Schnee
vor sich her und bläst feinen Schneestaub hoch in die Luft, so dass der ganze Himmel glitzert...
Und packt und presst ihn zusammen in hohen Schneewehen.
Der Wind rauscht in den kahlen Ästen der Bäume, verfängt sich, wirbelt durcheinander,
tollt weiter über Hügel und Höhen und überzieht das ganze Land mit seinem rauhen Spiel...
Laut kann ich ihn hören, den Wind, wie er tost und faucht.
Doch weit über mir ist er, hoch über meinem windgeschützten Stand im Tal,
unter Tannen mit tief herabhängenden Ästen...
Hier ist es nahezu windstill, und ein paar vereinzelte Kaninchenspuren zeugen sogar von Leben
in einer sonst wie leer und tot zu sein scheinenden, eisigen Welt...

Oft bin ich hier gestanden im Winter, am Ufer des Baches,
und hab' seinem Kullern und Murmeln, seinen leise geflüsterten Geschichten zugehört...
Er war zugefroren, mit dickem Eis und Schnee bedeckt.
Aber hier und da, über starker Strömung, blieben kleine Stellen offen,
und sie schienen mir wie ein Versprechen, dass es auch wieder Sommer wird.
„Warte nur ... Dann kannst du mich wieder sehen ... Dann zeig' ich dir wieder mehr"...!

Winter hin, Winter her...
Schlittschuhlaufen, Schifahren, Schneeschuhlaufen, Schlittenfahren, Schneemann und Igloo bauen.
Die Kinder jedenfalls hatten immer einen Heidenspass!

Ob kalt oder nicht, der Winter macht immer Spass! Manchmal ist durch Wind und Kälte der Schnee so stark zusammengepresst und gefroren, dass die Kinder auf dem blanken Schnee Schlittschuh laufen konnten.

Mai ist es - Der Wonnemonat...
Die Natur ist erwacht - Zu vollem Leben erwacht...
Geschäftig geht es zu.
Schon stehen die Pappeln da in hellem, frischem Grün.
In ein paar Tagen folgen Birken und Ahorn.
Junge Gräser spitzen durch die Matten von altem und totem Gras.
Vögel singen und knüpfen neue Freundschaften, neue Gemeinschaften, verlieben sich, bauen Nester...
Die ganze Tierwelt ist unterwegs.
Alles regt sich, voller Energie, aufgestaut während des langen Winters.
Jetzt geht es wieder vorwärts!

Auch die Bären sind unterwegs, erwacht aus ihrer Winterruhe...
Und einen Bärenhunger haben sie!
Zuerst trinken sie zwei Wochen lang nur Wasser... Aber dann!
Das erste grüne Gras, den ersten Klee sowie Skunk cabbage, Stinktierkraut, verschlingen sie in rauhen Mengen.
Natürlich auch Fallwild, wenn sie welches finden.
Bären sind Allesfresser und entsprechend vielseitig ist ihr Speisezettel:
Allem voran die geliebten, wild wachsenden Heidelbeeren, Himbeeren und Erdbeeren im Herbst.
Doch auch die kultivierten Beerenfelder der Farmen verschmähen sie nicht.
Im Gegenteil!
Oft kann man sie sehen wie sie in den Feldern sitzen und sich gütlich tun.
Drei, vier, fünf Bären mitten im Erdbeerfeld, im Karottenfeld, im Haferfeld...
Verständlich, dass das Verhältnis der Farmer zu den Bären, und das wohl gelinde gesagt,
ein eher Zwiespältiges ist...!

Eine Vorliebe haben sie auch für Obst, und ganz besonders für Äpfel!
Eines Abends kam ich spät nach Hause gefahren.
Plötzlich hat es nur so gerauscht und unseren Apfelbaum hat es wie von einem Erdbeben geschüttelt.
Ein Bär sass ganz oben im Baum und vor Schreck über mein schnelles und überraschendes Erscheinen
ist er rücklings zwischen allen Ästen hindurch heruntergefallen.
Etliche Zweige riss er mit, Äpfel fielen zu Boden
und abgerissene und herunter geschüttelte Blätter rieselten auf ihn herab,
als er auf seinem dicken Hinterteil gelandet war und unter dem Baum sass...!
Ein Ausdruck ungläubigen Erstaunens stand ihm ins Gesicht geschrieben.
Kurz hat er mich angeschaut... Dann ist er aber gerannt!

Das Foto zeigt eine Schwarzbärmutter mit weissem Kermodei-
und braunem Zimtbärjungen. Es ist eine äusserst seltene Aufnahme
und ich weiss nicht, ob es eine solche je schon einmal gab.

Lokal begrenzt zählen natürlich Lachse zu ihrer Kost,
wie ja allgemein bekannt - Aber auch alles Kleingetier wird nicht verschmäht.
Was sich eben so findet unter umgedrehten Steinen, Stämmen und sonst überall...
Doch meist, in manchen Gegenden bis zu über 90 %, leben sie von vegetarischer Kost.
Allem voran von Gras und Klee...
Im Frühjahr sind die Bären, besonders aber die Bärenmütter, fast den ganzen Tag unterwegs auf Futtersuche.
Dichtauf folgen ihnen die kleinen, putzigen Bärenjungen.
Noch während der Winterruhe wurden sie geboren, doch jetzt gibt's nur eins: wachsen!
Hier in Neu Braunschweig, im Osten, werden die Schwarzbären nicht ganz so gross wie im Westen.
Aber es gibt viele davon.

Bären in freier Wildbahn zu beobachten ist immer etwas Besonderes. Man vergisst es nie!
Zu überwältigend ist der Eindruck, den dieses kraftvolle und wehrhafte Wild beim Betrachter hinterlässt...
Allerdings sind sie relativ leicht zu entdecken, denn schon von weitem "leuchten" sie.
Die Schwarzbären natürlich in tiefstem Schwarz.
Doch ein überaus und gänzlich schwarzer Bär ist selten.
Meist haben sie einen weissen Fleck auf der Brust und cremefarbene Lefzen.
Ebenso selten und überwiegend im Westen vorkommend sind die Schwarzbären in brauner Farbe,
fast hellbraun bis zimtfarben. Die Zimtbären.
Noch seltener und nur auf ein kleines Gebiet im Nordwesten Britisch Columbia's beschränkt sind die Kermodei Bären.
Der Kermodei ist wiederum ein Schwarzbär, aber in gänzlich heller Farbe, cremefarben bis fast weiss.
Er ist wegen seiner Seltenheit ganzjährig geschützt.

Ich hatte einmal das Glück einen Kermodei auf der Wiese vor unserem Haus zu sehen.
Es war wohl einer der seltensten Anblicke, die es überhaupt gibt:
Eine Schwarzbärmutter in tiefem Schwarz mit ihren zwei Jungen.
Eins davon zimtfarben, ein Zimtbär. Das andere weiss, ein Kermodei.

Nicht immer war es so, aber Heute ist die Jagd streng reguliert und überwacht. Nur männliche Bären sind zur Jagd offen.
Sollte aber trotzdem ein Rückgang der Population eintreten, dann werden die Jagdzeiten sofort gekürzt,
oder wenn nötig, ganz geschlossen. Unbesorgt kann man deshalb auf die Jagd gehen.
Es ist sogar so, dass trotz Bejagung die Bärenbestände in den letzten Jahren zugenommen haben.

Und noch ein Wort zur Sicherheit:
Bären sind ein äusserst wehrhaftes Wild!
Sie sind unberechenbar und es ist absolut unratsam ihnen zu nahe oder gar in die Quere zu kommen!
Das gilt besonders für Mütter mit Jungen!
Am Besten, man geht ihnen möglichst aus dem Wege.
Jedes Jahr gibt es Unfälle - Auch mit tödlichem Ausgang.
Deshalb:
Vorsicht! Vorsicht! Vorsicht!

Dieser Gast ist, ja, noch einmal, mit Vorsicht zu geniessen! Obwohl der Bär auf dem Bild wegen der Entfernung eher klein aussieht, ist die brutale Kraft des Tieres nicht zu übersehen.

𝓦enn der Wind jagt, braucht der Jäger nicht zu jagen...
Das Rauschen des Windes in den Kronen der Bäume irritiert das Wild.
Immer neue Geräusche, alles bewegt sich, die Äste, die Blätter, die Bäume selbst.
Auf nichts können sie sich mehr verlassen - Weder auf ihren Geruchssinn, noch auf ihre Augen.
Alles ist in Unruhe und Gerüche werden vom Winde verweht.
An solchen Tagen verweilt das Wild meist in seinen Einständen.
Da fühlt es sich sicherer.
Windstille, ruhige, sonnige Tage sind es, welche die Tiere zum Wandern, zum Umherziehen verleiten...
Da können sie sich auf ihr Gehör verlassen.
Sie selbst bewegen sich ja ruhig und vorsichtig. Fast lautlos...
Aber wir Menschen:
Schon von weitem werden wir wahrgenommen mit unserem Trampelschritt!
Die Tiere verhalten sich still oder gehen nur ein paar Meter zur Seite...
Und wir trampeln vorbei.
Und sehen nichts!

Ein schöner Tag ist heute...
Strahlend blauer Himmel, fast windstill, warm.
Da ist man gerne unterwegs - Wir - Und das Wild auch.
Weit streift mein Blick hinweg über die unendlichen Wälder.
Hundertfünfzig Kilometer sind es bis zur nächsten Siedlung -
Und dazwischen nur Wald, durchzogen von Bächen und kleinen Flüssen.
Forstwege bieten sich zum bequemeren Laufen an. Doch nein! Zwar sieht man da besser,
aber man wird auch schnell gesehen!
Besser ist es, am Waldrand zu gehen, langsam, Schritt für Schritt, unter dem Schutz der Bäume...
Stehen bleiben ... Warten ... Hören ... Sehen ... Lauschen!
Sich hinsetzen, ein Schluck Kaffee...
Vögel singen in den Bäumen und gegen Abend zu erschallt der ganze Wald von ihrem Gesang.
Weiter geht's... Bedächtig und wohin es einem beliebt.
Nicht geradewegs auf ein Ziel losmarschieren!
Sich einfach aufhalten im Wald - Mal hier, mal da...
Sich treiben lassen - Mal hierhin, mal dorthin...

Anderthalb Kilometer sind es in etwa bis zu einer kleinen Lichtung, einem kleinen Kahlschlag.
Am Rande, auf einer leichten Anhöhe und unter Bäumen steht mein Campingstuhl...
Es hat nicht viel Sinn, sichere Hochsitze zu bauen.
Die Wälder sind gross und das Wild ist heute hier und morgen dort.
Ein Campingstuhl aber ist klein, leicht zu tragen und bequem.
Allerdings sitzt man direkt am Boden - Und wenn der Bär...?
Zugegeben: Etwas Mut braucht man schon!

Bären sind mitunter putzig anzusehen. Die Betonung liegt allerdings auf „anzusehen"! Ihre innere Verfassung kann man nie einschätzen.

Schon seit ein paar Tagen hat der Bär das Stück Fallwild am Rande der Lichtung angenommen.
Jeden Tag kommt er - Aber wann, zu welcher Zeit?
Wie überall braucht man auch hier das kleine bisschen Glück - Zur richtigen Zeit, am richtigen Ort!
Aber es kommt doch gar nicht so auf den Erfolg, den Jagderfolg, an. Und meist kommt doch alles anders!
Jagt man auf den Bären, sieht man vielleicht einen Hirsch. Oder umgekehrt.
Das Naturerlebnis jedoch, das hat man immer!
Die bunten Vögel, ihr Gesang...
Oft kommen die Blue Jays ganz nahe bis auf ein, zwei Meter heran. Neugierig und fast zahm sind sie.
"Wer ist denn das? So einen hab' ich ja noch nie gesehen!" werden sie wohl denken...
Schön sind sie in ihrem blauen Gefieder!
Die Vielfalt des Waldes, die Stimmungen...
Mal offen und freundlich, mal düster und geheimnisvoll. Heute ist es hell, sonnig und mild.
Nur in leichter Brise kommt der Wind daher, verfängt sich am Waldrand, zirkuliert um die Lichtung,
kräuselt in den Bäumen, steigt hoch und zieht weiter...
Ein sanfter Lufthauch streicht über mein Gesicht - Ganz kurz nur.
Ah ... Er bringt mir einen Gruss ... Von meiner Liebsten vielleicht?
Nur schnell dahingehaucht. Er hat's eilig!
"Ganz kurz nur ... Ein lieber Gruss! Tschüss! Ich muss weiter ... Hab' noch mehr zu überbringen..."

Spätnachmittag ist es schon.
Die Sonne senkt sich auf den Horizont herab. Die Atmosphäre hat sich beruhigt. Der leichte Wind, mehr als eine Brise
war es ja gar nicht, hat fast gänzlich aufgehört. Auch die Vögel sind ruhig geworden, vor ihrem abendlichen Konzert.
Still ist es im Wald...
Jede Bewegung kann das Wild jetzt wahrnehmen, jedes auch noch so leise Geräusch hören.
Die Spannung in mir steigt. Das ist die Zeit wo der Bär erscheinen sollte!
Immer wieder beobachte ich den Waldrand vor mir - Selbst mit dem Fernglas versuche ich,
tief in den Wald hinein zu spähen. Vielleicht kann ich ihn kommen sehen, aus der Tiefe des Waldes?
Mit der Spannung steigt das Wahrnehmungsvermögen. Schärfer werden die Sinne! Die Augen öffnen sich
weiter als sonst, der Blick wird klar und scharf. Unwillkürlich öffnet sich der Mund, um besser zu hören...
Jetzt herrscht absolute Konzentration!
Ich denke an nichts mehr. Es gibt kein Platz mehr für Gedanken. Nur noch:
Sehen ... Hören ... Wahrnehmen!
Fast schon wie die wilden Tiere selbst.
Was war das? Ein leises Geräusch. Ein leichtes Knacken. Weit weg...
Na ja, ich bin im Wald. Nichts Neues ist zu sehen. Alles ist ruhig.
Doch wieder! Das Knacken... Als ob ein dünner, trockener Zweig bricht.
Nicht laut, aber diesmal gut hörbar. Schräg hinter mir.
Wieder Stille... Warten...
Ein bisschen Enttäuschung macht sich breit. Kommt der Bär noch? Oder wieder nicht?
Nun ja... Ein schöner Tag war es trotzdem gewesen! Wie immer auf der Jagd...

Aber der Bär...
Wie durch Zufall, einfach nur so, schaue ich mich um.

Mir stockt der Atem!
Mein Herz „springt" förmlich an - Wie ein Rennwagen aus dem Stand von Null auf Hundert.
Es schlägt mir bis zum Hals, bis zum Kopf - Laut, gleichmässig rasend wie eine Nähmaschine.
Adrenalin schiesst durch meinen Körper - Doch gleichzeitig ist es mir als ob das Blut gefriert:
Der Bär!

Ganz nahe, etwa fünf, sechs Meter entfernt nur, steht er hinter mir! Schräg rechts hinter mir. Auf allen Vieren steht er da.
Regungslos.
Nur sein massiver Kopf wiegt hin und her - Bedächtig - Von links nach rechts, von rechts nach links.
Die feine Nase leicht erhöht, atmet er die Luft langsam und prüfend ein und aus.
Noch hat er mich nicht gesehen, nicht gerochen.
Doch ein unsicheres, ja unheimliches Gefühl scheint ihn zu plagen und mahnt:
Vorsicht ... Vorsicht!
Nicht hinaustreten auf die Lichtung! Warten im Schutz des Waldes!
Sichern... Prüfen... Oder besser noch: Zurück? Hier stimmt etwas nicht!
Für mich gilt jetzt nur eins:
Ruhig bleiben ... Nur Ruhe ... Ruhe bewahren!
Was tun...? Einen Plan machen! Wenn, ja wenn er mich angreift...?
Bären haben eine schier unbändige Kraft!
Ihr ganzer Körper ist vollgepackt mit stählernen Muskelpaketen.
Ein Schaudern läuft über meinen Rücken...

Was, wenn er mich erreicht und festhält, niederhält mit seinen starken Pranken, seinen langen Krallen?
Und zubeisst, seine Zähne in mein Gewebe senkt, es zerstört und zerreisst?
Wenn er mit seinem mächtigen Gebiss meine Knochen bricht und zermalmt?
Die Büchse fest umschlossen, geladen, entsichert.
Herankommen lassen, abdrücken, die Waffe wegwerfen und rennen.
Den nächsten Baum erklimmen!
Mehr bleibt nicht zu tun.
Zwei, drei Minuten vergehen... Es scheint wie eine Ewigkeit! Er hat mich nicht gesehen... Gottseidank!
Plötzlich dreht er sich um und ist wie ein Geist im Wald verschwunden.
Nur das Knacken trockener Äste hab' ich noch gehört...

Hätte er mich gesehen, wäre er wahrscheinlich, wie in den meisten Fällen, fluchtartig davongerannt.
Vielleicht aber auch nicht...?
Vielleicht hätte er sich, aus Schrecken und Überraschung heraus, bedroht gefühlt und angegriffen?
Bären sehen schlecht, mitunter sehr schlecht - Gottseidank hat er mich nicht gesehen!

Langsam beruhigte ich mich wieder. Auch die Gedanken kehrten zurück.
Natürlich war es eine gefährliche Begegnung, höchst gefährlich sogar.
Aber es ging wieder einmal gut aus. Wie fast immer im Leben! Es geht doch meist gut aus...
Wir haben doch fast immer Glück...
Doch so ein Erlebnis. Solch ein grandioses Erlebnis!
Wem ist es schon beschieden unter uns Milliarden von Menschen?
Mir war es beschieden.
Ich muss wohl ein glücklicher Mensch sein...?
Bedankt hab' ich mich bei meinem Schöpfer! Wer immer er ist, wie immer wir ihn nennen...
Tief bedankt für dieses grossartige Erlebnis.
Überwältigt von den Geschehnissen bin ich sitzen geblieben, hab' nachgedacht,
konnte es noch immer nicht begreifen.
Wieder und wieder schaute ich mich um.
Doch nur die Bäume waren noch da...

Sein Bärenhunger hat ihm keine Ruhe gelassen... Hat ihn alle Vorsicht vergessen lassen...
Die Lichtung hat er umgangen und sich dem Fallwild von der gegenüberliegenden Seite genähert.
Hier schien es ihm sicher, hat ihn das unheimliche Gefühl nicht mehr geplagt.
Das Fadenkreuz tanzt über den ganzen Körper - Ruhig jetzt... beruhigen... Ruhe... Ruhe...!
Langsam den Abzug durchziehen - Plötzlich und überraschend bricht der Schuss.
Ein ohrenbetäubender Knall - Und das Inferno nimmt seinen Lauf...

Alle Tiere sind lebend schöner!
Aber wir können nicht jedes einzelne Tier auf Erden schützen.
Nur die Art können wir erhalten und bewahren!

Am schönsten ist das Fell im zeitigen Frühjahr, wenn die Bären noch ihr Winterfell tragen. Beim Präparieren wird es gegerbt und doppelt, meist in blau/schwarzer oder rot/schwarzer Farbkombination unterfüttert. Die schwarze Umrandung lässt das Fell etwas grösser erscheinen und die blaue oder rote gibt einen schönen Abschluss bzw. Kontrast.

# Wenn zwei sich streiten

## -- Leben Leben ... Die Kinder des Himmels ... Das Weihnachtsgeschenk --

Weihnachtszeit ist es...
Festliche Gitarrenmusik erklingt in unserer Blockhütte.
Monika hat schon immer Klassische Gitarre gespielt, Christine hat auch gelernt
und sogar meine Wenigkeit übt sich in der leichten Muse...
So waren wir zu dritt, und obwohl es für jeden einzelnen relativ einfach zu spielen ist,
hören sich die Trios doch sehr schön an.
So ist es, wenn man ohne Strom und Telefon in der Wildnis wohnt.
Man wird selbst aktiv und kreativ!

Den ersten Winter hier im Norden haben wir in Dave Neering's Cabin verbracht.
Ein paar Tage nach unserer Ankunft kamen Dave und Carol vorbei und haben uns spontan
und in typisch Kanadischer Hilfsbereitschaft einen Camper zur Verfügung gestellt.
Es war auch etwas eng zu fünft in unserem kleinen Zwei Mann Zelt!
Im Winter dann konnten wir in Dave's Blockhütte wohnen.
Er ist ein bekannter und äusserst talentierter Maler und hat hier, in ungestörter Wildnis, oft gemalt.
Thanks again, Dave, for being so generous to us!
Herzlich bedanken möchte ich mich auch bei Bob Perry, der uns, ohne zu fragen,
seinen Gabelstabler zur Verfügung stellte, bei Frank Thompson für den Traktor,
bei allen Mitgliedern der Adventistenkirche, die oftmals mit gesamter Mannschaft zur Hilfe kamen
und der Glaubensgemeinschaft der Zeugen Jehovas, die uns nie allein liessen.
Thank you Larry and Gorgina!

Die Blockhütte war ungefähr sieben mal fünf Meter gross, aus Kiefernstämmen gebaut,
und hatte zwei Räume.
Das Dach war relativ steil und innen nach oben zu offen belassen.
Das heisst, die Räume waren sehr hoch und das Raumklima entsprechend angenehm.
Das ist bei allen Blockhäusern der Fall, hier aber durch die Höhe ganz besonders.
Ein wunderschöner, reich mit Emaille und Chrom verzierter Holzofen stand darin.
Es war immer behaglich warm!
Neben der Spüle befand sich eine handbetriebene Wasserpumpe.
Das Haus stand etwas höher als die Quelle - So musste man das Wasser hochpumpen.
Und sogar eine Dusche war in dem zweiten Raum. Natürlich auch Handbetrieb:
Erst auffüllen ... Dann Duschen!
Licht hatten wir von den gewohnten Kerosinlampen.

„Wo man singt, da lass dich nieder..."
Holzblockhäuser im allgemeinen, besonders aber jene aus Zedernholzstämmen verfügen
über eine hervorragende Akustik. So hofft der Gitarrespieler, dass ihm der Charme
des Hauses nicht nur kleine Unachtsamkeiten beim Bau desselben vergibt.
Vielleicht hilft die gute Akustik auch über manch „Spielerisches" hinweg...?

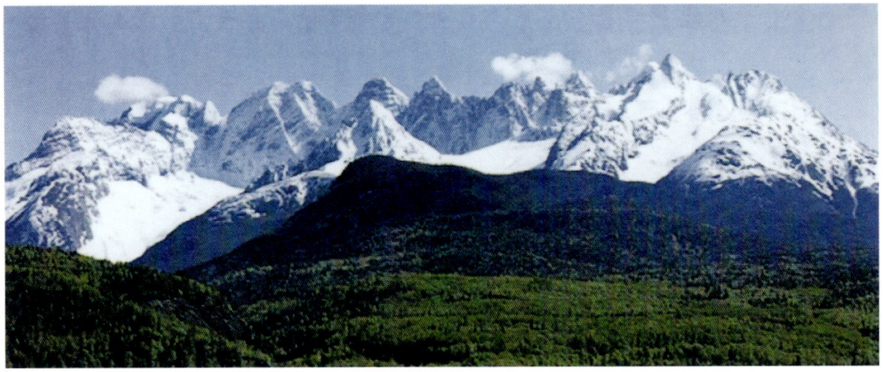

" Well if I had the wings of a sparrow ...
Over these prison walls I would fly ...
Into the arms of my own true love ...
And I'd stay with her until I die ... I'd stay with her until I die ... "

" And if I had the wings of an eagle ...
I would launch myself into the sky ...
Flying so high see the clouds floating by ...
And I'd soar when the work was all done ... I'd soar when the work was all done ... "

" But I am a man of the earth ...
So I dig myself deep in the ground ...
And stay there through autumn and winter too ...
And I'd be there when spring time came 'round ... I'd be there when spring time came 'round ... "

" That old northeastern is blowing ...
And the leaves fall like rain to the ground ...
And out on the Sisters the foghorn is blowing ...
And it sure makes a lonesome old sound ... It sure makes a lonesome old sound ... "

Traditional
Spirit of the West

*D*er Winter in den nördlichen Gebirgen ist oft sehr melancholisch...
Alles ist umringt von hohen Bergen, von hohen Bäumen, den Bergwäldern mit ihren
Balsamtannen in dunklem, fast schwärzlichem Grün.
Die Sonne, wenn sie schon einmal scheint, schafft es kaum über die Gipfel hinweg,
und nur für ein paar Stunden, dann geht sie schon wieder unter.
Die Lichtintensität ist sehr gering.

Nicht jeder ist davon betroffen, aber bei manchen führt sie zu Depressionen.
Dem "Cabin Fever"...
Wie ein Fisch in eiskaltem Wasser fühlt man sich - Antriebslos, ziellos, träge, griesgrämig, depressiv...
Alles erscheint in düsterem Licht.
Mir hat der Winter im Norden immer schwer zugesetzt, meiner Familie hingegen weniger.
Monika und den Kindern hat es nichts ausgemacht.
Aber Dave schien noch schlimmer davon betroffen zu sein als ich.
Einmal hat er versucht, in seiner Cabin zu überwintern.
Er hat es nicht ausgehalten!
Anfang Januar hat ihn die Düsternis so übermannt, dass er über Nacht in einem Anfall von Panik
seine Sachen zusammengerafft und fluchtartig die Hütte verlassen hat...

Der erste Schnee kommt gewöhnlich in der zweiten Novemberwoche.
Aber nicht sehr viel und ein Grossteil davon taut wieder weg.
Jetzt allerdings, um die Weihnachtszeit herum, rückt die Hauptstreitmacht des Winters heran.
Mitunter schneit es tagelang, und alles, die Berge, die Felsen, die alpinen Matten,
die Wälder und selbst Bäche und Flüsse, meist ja zugefroren,
wird sanft, doch unwiderstehlich zugedeckt, meterhoch begraben...

Absolut ruhig und still ist die Natur.
Selbst vorbeifahrende Autos hört man kaum, und wenn, dann nur noch mit leisem Summen.
Jedes Geräusch wird abgedämpft durch den Schnee auf den Bäumen.
Auf allen auch noch so kleinen Ästchen der Laubbäume bleibt er liegen, und dick sammelt er sich an
auf den langen, breit ausladenden Ästen und Zweigen der hohen Tannen.
Wie mit Zuckerwatte behangen stehen sie jetzt da.
Im weissen Weihnachtsschmuck der Natur...

Die fleissigen Schüler und ihre Lehrerin... Homeschooling macht Spass!
In Britisch Columbia gibt es ein offizielles Schulprogramm für Eltern, die ihre Kinder, aus welchem Grund auch immer, zu Hause unterrichten wollen. Es hat für uns und unsere Kinder perfekt funktioniert. Homeschoolers lernen durchschnittlich etwa drei Stunden am Tag und sind akademisch gleichauf oder sogar besser als öffentliche Schulgänger. Und das bei, wie man sieht, doch eher lockerem Schulklima...

Schon seit Tagen hat sich der Himmel zugezogen.
Gleichmässig - Mit hohen, dünnen Wolken in milchigem Beige.
Ein besonders heller Fleck verrät noch den Stand der Sonne.
Doch von Süden gleitet mehr und mehr Warmluft auf, die Wolken verdichten
sich zu einem dunklen Grau und schirmen die Sonne bald vollständig ab...

In halber Höhe der Seven Sisters erscheint eine düstere, schwarzgraue Wolkenschicht.
Schnell und kontinuierlich ziehen diese Wolken von Westen herein, Wolkenfetzen jagen,
aber nach Osten zu lösen sie sich immer wieder durch starke Fallwinde plötzlich und abrupt auf.
Es ist interessant zu sehen wie die Wolkennebel mit Sturmstärke ziehen, die Wolke als solche aber
konstant an immer derselben Stelle verharrt, sich im Ganzen überhaupt nicht bewegt...

So wie ein Fluss.
Abermilliarden winziger Wassertropfen bewegen sich in eine Richtung, der Fluss aber als solcher
bleibt immer konstant an gleicher Stelle.
Das Wasser ist doch immer und überall präsent, ob in Flüssen, Seen, den Meeren,
als Wasserdampf im Nebel, als Tau auf den Blumen,
oder gänzlich unsichtbar in der Luft und in ja allem was es auf der Erde gibt.
Wir sehen es nur in immer anderen Bildern, Farben, Formen...

So bin vielleicht auch ich nur ein kurz aufflackerndes Bild im gesamten,
ewig präsenten und nie vergehenden Leben.

Wir denken unser Leben hat irgendwann ein Ende...?
Unser Leben in momentanem Bild vielleicht.
Aber das Leben als solches?
Nie!
Es erscheint doch nur in immer neuen Bildern.
Und so wohl auch wir...
Alle Religionen sagen doch das Gleiche.
Und die Natur?
Sie sagt es auch!

Am nächsten Morgen waren Himmel und Berge vollständig verhangen und
es hat angefangen mit leichten kleinen Flocken zu schneien. Nachgeben musste das Hoch im Osten
dem von Westen anrückenden Tief mit seiner wilden Horde kalter Luft.

Von der Arktik, von Nordwesten ist sie gekommen.
Zuerst über den ohne jeglichen Widerstand bietenden Pazifik,
dann aber aufgeprallt auf die Küstengebirge.
Sich aufstauend an den Hängen blieb ihr nichts anderes übrig als aufzusteigen,
immer wieder angeschoben von der ungehindert nachfliessenden und nachdrängenden
kalten Luft über dem offenen Meer.
Höher und höher geht es und oben angekommen bläst der Wind mit Sturmgeschwindigkeit
über den Bergrücken hinweg und stürzt sich taumelnd auf der anderen Seite wieder hinab.
Und die "Gebirgsjäger" vereinigen sich wieder mit dem "Fussvolk" in den Tälern...

Dort war es bedeutend leichter.
Kaum Widerstand gab es und stetig und zügig ging der Einmarsch voran.
So wurden nach und nach, von West nach Ost fortschreitend,
die Täler von der Kaltluft regelrecht aufgefüllt und gleichzeitig die Höhenzüge überströmt.
Die wärmere Luft musste weichen, wurde zurückgedrängt, aufgewirbelt und in die Höhe gestemmt.
Wie eine wilde Reiterhorde gebärdet sich die einrückende Kaltfront!

Mit zunehmender Höhe kühlt sich die aufsteigende Warmluft jetzt ab.
Sie kann ihre Mengen von Feuchtigkeit nicht mehr halten.
Es schneit.

*U*nd geschneit hat es.
Sechsunddreissig Stunden lang ununterbrochen!
Frau Holle muss alle Betten des Himmels auf einmal ausgeschüttelt haben...
Wie aus weit geöffneten Schleusen fielen die Flocken harab, so dicht, dass sie aneinander drängten,
sich verhakten, zusammenfroren und kunstvolle Gebilde formten.
In wiegendem Fall, purzelnd und taumelnd kamen sie herunter.
Wie glitzernde Kristalle sahen sie aus.
Die Kinder des Himmels...

Mitunter liess der Schneefall etwas nach,
doch schon kamen neue Wolkenschübe und weiter ging's mit voller Kraft.
Keine hundert Meter konnte man sehen und selbst der Wald direkt hinter unserer Hütte
war nur noch schemenhaft und umrissartig auszumachen.
Wenn man richtig lauschte, konnte man die Flocken fallen und auf dem Dach auftreffen hören ...
Es war ein leises, helles, rieselndes und raschelndes Geräusch.
Mit ungläubigem Staunen in unseren Gesichtern standen wir am Fenster und schauten zu,
wie der Schnee herunter schwebte und sich sanft zu einer dicken, leichten und flauschigen Decke niederlegte.
Zeitweise allerdings schneite es so stark, und der Schnee kam in solchen Massen herunter,
dass es schon beängstigend wurde...
Als ob der Himmel einstürzt!
Das Gefühl, lebendig begraben zu werden...
Ein Tag, eine Nacht und den nächsten Tag schneite es ununterbrochen, dann liess es nach.
Hundertzwanzig Zentimeter lockerer, flockiger Pulverschnee lag jetzt da,
der Wald wie begraben, kaum schauten noch Äste oder Zweige hervor...

Aber schön war es!
Alles war tief verschneit und wie verzaubert.
Über der Talsohle und dem Skeena River schwebten leichte Nebel.
Die Wälder verschwanden fast unter ihrer weissen Last und nur vereinzelt lugte noch ein Tannengrün hervor.
Selbst die Felswände der Seven Sisters waren kaum noch zu sehen.
Rings um uns her nur noch weisse Pracht...

Doch nichts wie raus jetzt aus der Hütte!
Zuerst haben wir uns mit Schneeschaufeln bewaffnet, dann ging's ans Werk.
Und wir schaufelten, und schaufelten... Und schaufelten...!
Und es war wohl das einzige Mal in meinem Leben, dass auf dem Weg zum „Outhouse",
jenem althergebrachten, altbewährten Toilettenhäuschen also,
die Schneeschaufel wichtiger war als das Toilettenpapier...!

Robert beim Schneeschaufeln.
Was ergeben Spiel, Spass und Arbeit zusammen? Ganz einfach:
Sinnvolles Spiel und Sinnvoller Spass... Also noch besser!

𝓑ald war alles freigeschaufelt.
Das heisst, ein paar Wege ums Haus, der Brennholzplatz, der Weg zum Outhouse...
Wir waren ja zu fünft und haben alle fleissig zusammengeholfen, so ging es flott vonstatten.
Ein Riesenspass war es, der leichte Schnee ist nur so geflogen, hat nur so gestaubt.
Doch nicht nur allein die physische Aktivität macht gute Laune,
es ist auch die erhöhte Lichtintensität, die positiv auf das Wohlbefinden einwirkt!
Berge, Bäume, Boden, ja alles ist mit hellem, weissem Schnee bedeckt und so wird das Licht
millionenfach von allen Seiten, von oben und unten, reflektiert und verstärkt.
Hinzu kommt der optische Eindruck, alles sieht ganz anders aus, ist wie verzaubert im weissen Gewand.
Nicht umsonst geraten Kinder in helle Begeisterung wenn es wieder geschneit hat!
Aber wir Erwachsenen...?
"Oje, es hat geschneit... Schon wieder räumen! Pass auf, es ist glatt... Bleib lieber im Haus...!"
Unsinn!
Viel besser:
Raus in die Natur, anpacken, was tun, sich erfreuen am Neuen, die Schönheit sehen und geniessen!
Und so sind sie eigentlich ein Segen für uns, die Kinder des Himmels...
Wie ja alle Kinder!

Unser Auto hatten wir immer an der Strasse geparkt, ein paar hundert Meter entfernt vom Haus.
Zu weit war die Entfernung zum Räumen, so kamen die Schneeschuhe zum Einsatz.
Zwar kommt man nicht allzu schnell voran, denn jeder Schritt ist wie ein neues Abenteuer,
wenn man sechzig, siebzig Zentimeter einsinkt im tiefen, jungfräulichen Schnee...
Aber nach dem ersten mal hin geht's dann schon flott zurück und in kürzester Zeit ist auch der Pfad fertig.

Es ist allerdings sehr wichtig, dass man die richtigen und passenden Schneeschuhe hat.
In verschiedenen Formen und Grössen gibt es sie und aus verschiedenen Materialien werden sie gefertigt.
Einmal traditionell aus Holz, aber auch modern aus Aluminium.
Die Ojibweh Schneeschuhe sind sehr lang und vorne sehr breit.
Sie werden verwendet in offenem, weitem Land, wo ja die Ojibweh Indianer zu Hause sind.
Es sind die Schneeschuhe, die man meist auf Bildern sieht, weil sie sehr gut aussehen.
Hier im Waldgebiet sind diese wegen ihrer Länge und Breite aber nicht geeignet.
Da nimmt man am Besten die Baer Paws, also Bären Tatzen...
Sie tragen nicht ganz so gut, aber man ist sehr wendig, wenn es durch den Wald und um die Bäume herumgeht.
Wichtig ist, dass die Schneeschuhe im Verhältnis zur jeweiligen Körpergrösse nicht zu gross sind!
Vor allem aber dürfen sie nicht zu breit sein, damit man bequem und ganz normal mit ihnen laufen kann.
Also: Eher kleiner ist hier besser... Viel besser!

Christine vor Dave Neering's Cabin.
Eine malerische Blockhütte des Malers Dave in malerischer Landschaft...
Übrigens, das vordere, grosse Fenster ist später in unser Haus "umgezogen".
Dave hat aus bekannten Gründen ein grösseres und helleres Fenster eingebaut...

*J*ch hab' immer die traditionell aus Holz gefertigten Schneeschuhe bevorzugt.
Sie werden auch Heute noch von Indianern gemacht, und zwar aus Eschenholz.
Es lässt sich gut verarbeiten, vor allem gut biegen und ist leicht.
Wenn der Holzrahmen mit den Querverstrebungen fertig ist, wird er innen mit einem Netz aus Rawhide,
also Rohleder, bespannt, dann komplett lackiert und fertig sind die Schneeschuhe.
Wichtig ist, sie nach häufigem Gebrauch, wenigstens aber am Ende jeden Winters, nach zu lackieren.
Ansonsten verlieren sie ihren Wasserschutz.
Die Rohlederbespannung wird durchnässt, wird weich, tritt sich durch und reisst.
Bei guter und richtiger Behandlung jedoch halten diese Schneeschuhe über viele Jahre und man hat immer Spass damit.

Natürlich gibt es auch die High Tech Schneeschuhe aus Aluminium und mit Nylonbespannung.
Sie halten ewig, kosten aber auch ein Vielfaches derjenigen aus Holz.
Ich war nie begeistert von ihnen und bin immer treu und brav bei meinen "Hölzernen" geblieben.
Zusätzlich zu dem Gefühl, etwas aus natürlichen Materialien hergestelltes zu verwenden,
gaben sie mir noch einmal Gelegenheit mich im Frühjahr mit ihnen zu beschäftigen...
Bei schönem und warmem Frühlingswetter hab' ich sie nochmal rausgeholt,
auf Gebrauchsspuren inspiziert und neu lackiert...
Die Halterungen aus Leder werden eingeölt, aber nur ganz leicht, sonst wird das Leder weich und reisst.
Erinnerungen an den letzten Winter kommen zurück -
Die guten natürlich, denn so sehen Erinnerungen doch immer aus...!
All das Erlebte zieht noch einmal an uns vorbei, gibt Anlass zur Unterhaltung, zum Besprechen
von Diesem und Jenem und zum Schmieden von neuen Plänen für den nächsten Winter.
Und immer sind natürlich ein paar erzieherische Ratschläge für die Kinder dabei...!

Ein totaler Gegensatz die High Tech Schuhe.
Schon industriell gefertigt aus Aluminium und Plastik, also Erdöl, sind sie für mich wie ein Fremdkörper in der Natur.
Für viel Geld gekauft, benutzt, weggelegt... Und das war's! Wie mit so Vielem...
Ist erst alles fix und fertig, und für ewig, ist auch keine Perspektive mehr da.
Man gewöhnt sich daran, es wird alt, nichts Neues in Sicht, und man hat gar nichts mehr...
Natürlich haben High Tech Schneeschuhe ihre Berechtigung - Für extreme Belastung, wo es auf Leistung ankommt.
Aber eigentlich ist mir der Leistungsgedanke fremd... Und schon gar nicht in der Natur...
Und heute überhaupt nicht!

Die Sonne lacht mich wieder an... Da lache ich zurück!
Ein leichter Frühlingshauch begrüsst mich und sagt „Hallo"... Das sag' ich auch!
Sich einfach nur aufhalten in Gottes herrlicher Natur...
Sie deckt uns den Tisch, ist unsere nie langweilig werdende Unterhaltung...
Sie ist unser Leben... Und unser Bett...

Der Hase und der Marder...
Allerdings ging diese Geschichte anders aus - Ganz anders!
Ich meine verglichen mit dem lustigen Märchen vom Hasen und dem Igel...

So... Die Arbeit war getan,
alle notwendigen Wege geräumt, jetzt zum gemütlichen Teil des Nachmittags...
Die Sonne blickte schon wieder durch die dünnen, noch verbliebenen Cirruswolken hindurch
und die Temperatur stieg langsam in Richtung Null Grad an.
Es war windstill und mild.
Nicht lange wird es dauern und der Schnee, durch die wärmeren Temperaturen schwerer geworden,
fängt an herunter zu rauschen von den hohen Tannen.
Also gleich die Schneeschuhe angeschnallt und in den Wald. Einfach bezaubernd sah er aus!
Unbeweglich, stumm und still standen die Bäume da, nichts rührte oder regte sich, wie gemalt...
Ein märchenhafter Winterwald...
Kein Vogel hat gesungen, nichts war zu hören, absolute Stille.
Anheimelnd und einladend hat er auf mich gewirkt.
Vielleicht sollte ich ein paar Tage wohnen in diesem Wald, im Zelt, aufgeschlagen unter einer Tanne
mit weit ausladenden und von dickem Schnee isolierten Ästen?
Richtig gemütlich wäre es...
Morgens aufwachen, Kaffee trinken, eine kleine Brotzeit, der Stille lauschen, alle Sorgen vergessen,
zwischen den teilweise bis auf den Boden herunter hängenden Ästen und Zweigen hindurchspitzen,
alles beobachten im sicheren und schützenden Märchenwald...
Gedanken, Gedanken...

**D**och was war das? Eine Bewegung? Wer ist jetzt schon unterwegs?
Na ja... Ich selbst natürlich! Warum dann nicht auch Andere!?
Ein Hase, oder richtig gesagt, ein Kaninchen, Rabbit, kam angehoppelt...
Nicht weit von mir, und eher in Eile, so schien es... Hat verhofft, sich umgeschaut, die Löffel hoch aufgestellt, gelauscht...
Und weiter! Dann dasselbe noch einmal...
Kaum auszumachen war er in seinem weissen Winterfell,
wären da nicht die dunklen Ohrenspitzen und die grossen schwarzen Augen gewesen.
Schon war er vorbei...
Nicht lange hat es gedauert, und, Hoppla, was ist das schon wieder?
In langen Sprüngen, wie von der Feder geschnellt, kam er lang... Ein Marder!
Hat ebenso verhofft, ganz kurz nur, und schon vorbei war auch er...
Ja sowas, dachte ich, und... Oje! Da hat der Hase aber schlechte Karten heute!
Obwohl... Ein Hase kann sich wehren.
Stark sind seine Läufe und mit ebenso starken Krallen versehen. Schnell ist er und arg kann er sein Gegenüber zurichten.
Hasenzüchter werden's wissen - Und allen andern sei's hiermit gesagt!
Doch ein Marder...?
Hetzen wird er den Hasen bis er müde ist, bis er nicht mehr kann, schwach wird und seine
Widerstandskraft erlahmt vom rasenden Herzschlag, dem mühsamen Kampf durch tiefen Schnee...
Also zurück ins Haus und die Büchse geholt. Vielleicht hab' ich ja das bisschen Glück?
Nicht lange hat es gedauert und da kam er wieder, der Hase, auf der selben Spur wie vorher.
Der Marder muss ihn im Kreise gejagt haben.
Da gab's kein Zögern mehr!
Die Büchse kurz angestrichen am Baum neben mir, gross erscheint der Kopf des Hasen im Fadenkreuz,
und Pätsch! ... Wie vom Blitz getroffen liegt er da!
Waidmannsheil!
Na sowas, dachte ich, da hab' ich doch tatsächlich Glück gehabt.
Aber der Marder...?
Abwarten ... Geduld haben!
Und richtig! Meine Geduld scheint belohnt zu werden. Da kommt er lang auf des Hasen Fährte -
Wieder in grossen Sprüngen. Marder sind schnell!
Über den Boden huschen sie hinweg, auf die Bäume geht's ebenso flott, über die Äste,
weiter am Stamm hinauf und in Windeseile von Baumkrone zu Baumkrone...
So auch mein Marder.
Wie ein brauner Schatten ist er kurz vor mir den Baum hinauf geschnellt, hat einen Moment verhofft...
Pätsch! Noch einmal der helle, trockene Knall der kleinen 22 er Patrone.
Wie vom Blitz getroffen auch er, fiel geradewegs herab vom Baum und lag regungslos
nicht weit vom Hasen, seinem vorherigen Opfer...
Und für mich?
Noch einmal Waidmannsheil!
Ein solches Jagdglück... Ein solches Erlebnis!

Jagdglück in Woodcock. Ich bin kein passionierter Jäger, aber so wie ich mich an der Schönheit der Natur erfreue, so erfreue ich mich auch ab und zu an der Jagd. Allerdings ist bei dieser Einstellung ein Jagderfolg nicht erarbeitet, sondern beschert. Und ganz besonders war es dieser hier!

Hier scheinen sie sich nicht zu streiten.
Vielleicht haben sie gelernt...?

*A*lles Weitere ist schnell erzählt:
Der Hase kam als leckerer Braten auf den Tisch...
Das Marderfell hat die Wand geziert...
Und für mich war es ein wunderschönes Weihnachtsgeschenk der Natur...
Und wie immer hab' ich mich auch diesmal tief dafür bedankt.

Ach, wie die Zeit jedoch vergeht!
Fast Frühjahr ist es schon und nur vereinzelt noch sind Schneeflecken zu sehen.
Schnell ist der Schnee vergangen und kurz war seine Lebensspanne.

Gerade erst geboren...
Die Flocken als Kinder vom Himmel gefallen...
Hat sich am Boden aufgetürmt, ist gross geworden...
Dann alt... Ein bisschen grau auch...
Und jetzt ist er dahin.

Doch immer wieder erinnern wir uns an das Erlebnis mit dem Hasen und dem Marder.
Wie es ausgehen kann, wenn zwei sich streiten.
Und nie werde ich müde ihnen vorzuhalten:

Kinder...!
Streitet euch nicht...!

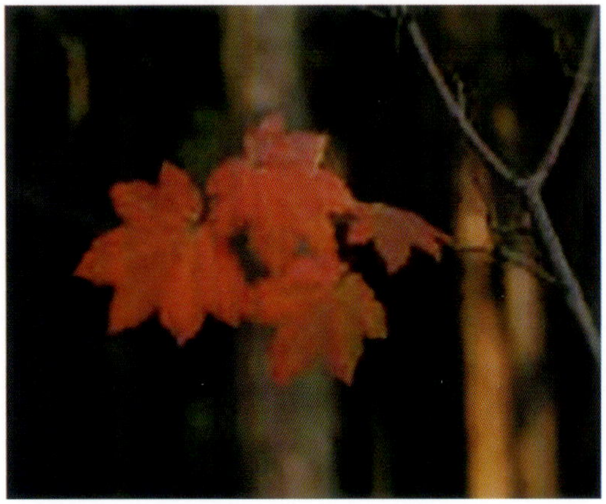

# Edith Mary Essex

## -- Älteste Posthalterin Kanada's --

**H**eute ist Posttag.
Zwanzig Minuten Fahrt war es bis zum nächsten Dorf und dort gab es eine Tankstelle mit Restaurant,
einen netten Einkaufsladen mit Hardwarestore, eine Arztpraxis und natürlich ein Postamt.
Allerdings war dieses Postamt für uns nicht zuständig, denn wir haben ja auf dem Lande gewohnt.
Auf dem Land, das heisst, eine Ansammlung einiger weniger Häuser
über eine Strecke von etwa zehn Kilometern verstreut...
So hatten wir unser eigenes Postamt und dieses wiederum mit seiner eigenen, sehr interessanten Geschichte!
Oder besser gesagt, die Posthalterin und ihre Geschichte war es, die dieses Postamt so interessant machte:

Edith Mary Essex, die älteste Posthalterin Kanada's.
Über achtzig Jahre alt war Edith schon als wir sie das erste Mal trafen und unsere Post abholten.
Wunderschön war die Fahrt von unserer Homestaedt in Woodcock
nach Cedarvale zu Edith's Postamt und Store.
Links und rechts der schmalen Schotterstrasse standen Wälder mit Birken und Pappeln.
Hoch waren sie gewachsen, schier in den Himmel ragten sie - Mit hellen, weisslich leuchtenden Stämmen
und ab und zu durchsetzt mit markant sich abhebenden, dunkelgrünen Balsamtannen.
Weiter führte die Strasse in Richtung Skeena - Und dort in halber Höhe
eines hohen und steil abfallenden Felsenhanges entlang.
Der Ausblick von hier ist atemberaubend!
Weit schweift der Blick nach Osten und Westen, talauf, talab und über die tief unter uns
teils gemächlich fliessenden, teils in Stromschnellen tosenden und gurgelnden
dunkelgrünen Wasser des Skeena.
Von gegenüber und wie vom Himmel herab grüssen die weissblauen Gletscher und Eisfelder
auf den Dreitausendern der Seven Sisters.
Furcht einflössend und drohend die über tausend Meter senkrecht abfallenden
Nordwände aus grauem Stein - Hier und da durchfurcht von gewaltigen Rinnen und Spalten,
ausgefüllt mit blau schimmerndem, ewigem Eis.
Mahnend die dunkelgrünen Bergwälder aus Tannen, Hemlock und Zedern.
Ein herrliches Bild:
Imposant, malerisch, freundlich, nachdenklich...

**H**errlich ist die Sicht
vom Sedan Aussichtspunkt bei Kitwanga.
Ob über das liebliche Skeena Tal nach Westen,
wie hier im Bild, oder nach Süden auf die
direkt gegenüber liegenden Seven Sisters.
Obwohl, auf den ersten Blick erscheint das weit
ausladende Tal wohl nicht so spektakulär zu sein
wie die Felsen der Sisters.
Doch bei näherem Hinsehen wird die Tiefe und
Ursprünglichkeit der massiven Urwälder beidseitig
des Flusses zumindest teilweise ersichtlich.
Hat man jedoch Gelegenheit, sich in den Wäldern
aufzuhalten und die gewaltige Uratmosphäre
zu erfahren, dann stehen sie in nichts nach...
Im Vordergrund der von hohen Cottonwood
Bäumen umsäumte Sedan Creek.
Die weiten Sand- und Kiesbänke um die Mündung
des Creeks sind bei Anglern sehr beliebt.
Doch Vorsicht!
Ebenso beliebt sind sie auch bei den Bären!
Übrigens... Im Hintergrund des Fotos, aber noch
gut zu sehen, die niedrig gelegenen und mit
Hemlock und Kiefern bestandenen (!) runden
Hügelkuppen um Cedarvale...!

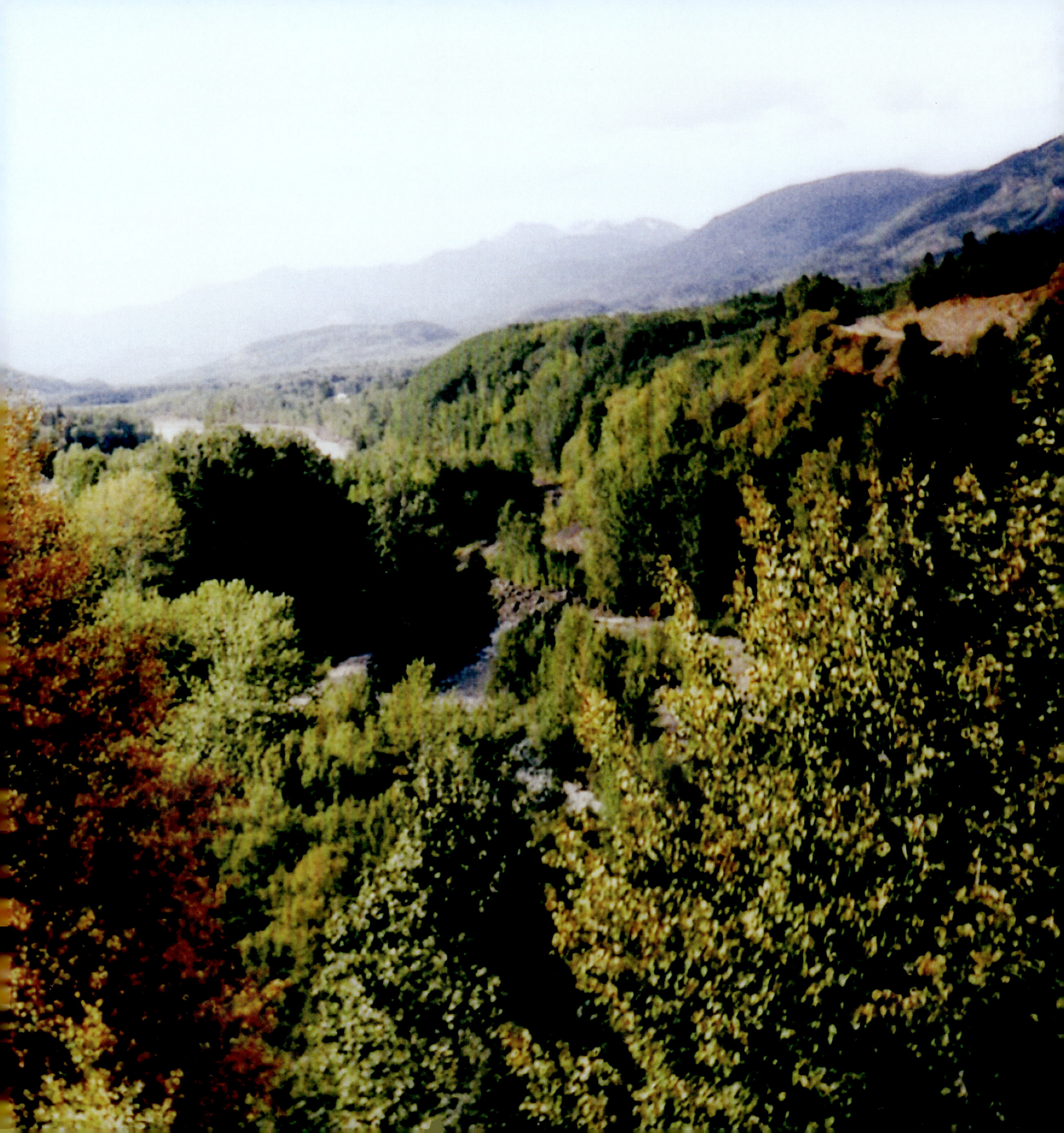

Nur wenige Kilometer weiter öffnet sich das Tal erneut.
Ein paar Häuser und Farmen erscheinen inmitten grüner, ebener Wiesenmatten.
Und am Ende der Strasse dann, wieder direkt am Fluss, Edith's Postamt und Store.

Im Jahre 1907 wurde Edith in einem kleinen Blockhäuschen in Cedarvale geboren.
Ihre Familie kam von England und hatte hier gesiedelt.
Das Klima ist für nördliche Verhältnisse aussergewöhnlich mild
und selbst Tomaten und Mais gedeihen gut...
Deshalb nennen es die Einheimischen auch den Bananengürtel des Nordens!
Die Früchte der Farmen dienten zwar in erster Linie der Selbstversorgung,
verhalfen aber auch zu kleinem Einkommen - Neben der Arbeit bei der Bahn.
Zusätzlich existierte ein Sägewerk und selbst eine eigene Schule hatte Cedarvale.
Allerdings fehlten noch jegliche Strassen und die einzige Verbindung zur Aussenwelt
war die Eisenbahn vom Innern des Landes nach Prince Rupert am Pazifik.
Es gab aber eine kleine Fähre über den Skeena, welche die Ortsteile
an beiden Seiten des Flusses verband und wo reger Fährbetrieb herrschte -
Zur Zeit als dieses kleine Dörfchen in seiner Blüte stand.

Leider gibt es diese Fähre heute nicht mehr.
Erstens wurden Strassen gebaut und somit verschwand der Bedarf und zweitens riss sich
die letzte Fähre bei Hochwasser von den Stahlseilen los und wurde flussabwärts getrieben...
Danach wurde der Fährbetrieb eingestellt.

Edith's Postamt und Store jedoch gab es noch.
Es lag direkt am Fluss, nicht weit von der ehemaligen Landungsstelle der Fähre.
Schon seit 65 Jahren ist Edith die drei Kilometer von ihrem Haus zum Postamt zu Fuss gegangen...
Tagein, tagaus, bei jedem Wetter, ob Eis oder Schnee, ob Sommerhitze, und auch noch im hohen Alter!
Sie war nie verheiratet und hat ihre Eltern gepflegt bis zu deren Tod.
Danach allerdings hatte sie einen Lebensgefährten, Maurice Dahlquist,
welcher aber unglücklicherweise schon 1951 verstarb.
Er war ein Wanderer, war 22 Jahre älter als sie,
hatte seine erste Familie hinter sich gelassen und mit Edith ein neues Leben begonnen.
Die Beziehung blieb kinderlos, obwohl Edith ein grosses Herz für Kinder hatte.
Jedesmal, wenn wir mit unseren Kindern kamen um die Post zu holen,
gab es ein freudiges Hallo!

Die alte Skeena Fähre bei Cedarvale.
Zur Zeit der „Hey Days" von Cedarvale war die Fähre ein geschäftiges Unternehmen. Heute existiert sie leider nicht mehr. Infolge dessen muss man einen Umweg von etwa 40 Kilometer in Kauf nehmen, um auf die gegenüber liegende Seite des Flusses zu gelangen.

Das Postgebäude war etwa sieben mal acht Meter gross und in Holzkonstruktion erstellt -
Aussen mit Brettern verkleidet und das Dach mit Zedernschindeln gedeckt.
Innen war es in drei Räume aufgeteilt:
Der vordere Raum diente als Store mit einer Theke und Regalen,
in welchen fein säuberlich die Waren platziert waren.
Der Raum rechts daneben war nicht in Gebrauch und stand leer.
Im hinteren Raum war ihr Arbeits- und Wohnzimmer.
Ein Holzofen stand darin, sowie ein Schrank, eine Kommode, ein Tisch und Stühle.

Meist sass Edith hier und sortierte die Post, die zwei Mal die Woche mit dem Zug kam.
Sie wartete draussen, winkte, und der Zug hielt direkt vor ihrem Postamt.
Immer war die Post fein säuberlich geordnet und verschnürt,
so dass niemand sehen konnte was Andere erhielten.
Sie hatte ihre Prinzipien und war äusserst gewissenhaft und genau!
Meist sass sie an ihrem Tisch, der vor einem wunderschönen Fenster mit Bleiverglasung stand.
Man konnte von hier auf den an dieser Stelle ruhig dahin fliessenden Skeena sehen.
Hier muss sie auch ihre Gedichte geschrieben haben,
die in zwei Bänden unter dem Titel "Rhymes of a country postmistress" erschienen sind.
Es war immer ein Bild der Ruhe und Entspannung.
Ich hatte das Gefühl, als ob das Leben doch eigentlich einfach sei...
Wenn man sich die Probleme nur nicht selbst schaffen würde!

Ohne Ausnahme war Edith schick, elegant und mit Stil gekleidet.
Sie war eine echte Englische Dame!
Noch in hohem Alter war sie attraktiv anzuschauen.
Sie hatte blaue Augen und ihr Blick war klar und ehrlich.
Sie trug ihr weisses Haar halblang, ihr Lächeln war bezaubernd
und ihr Lachen kam von ganzem Herzen.
Man sagt, den Menschen erkennt man am Lachen.
Es stimmt!
Edith's Lachen verriet ihren makellosen Charakter, und diese innere Schönheit
strahlte auf ihr ganzes Äussere, ihre ganze Erscheinung aus...
Und hielt sie ewig jung!

Edith starb 1996 in einer eisigen Winternacht.
Sie war 89 Jahre alt.
Sie stand nachts auf, fiel, und kam nicht mehr hoch...
Sie erfror.

Ihre letzte Ruhe fand sie auf dem kleinen Friedhof in Cedarvale,
direkt neben dem Grab ihres einstigen Lebensgefährten Maurice.
In meiner Erinnerung jedoch lebt sie weiter als eine „True English Lady",
die ihren Stil und ihre Herzensgüte auch in der Wildnis Kanada's immer bewahrte.
Es war ein grosses Glück für mich, sie noch kennen lernen zu dürfen.
Eine wahre Blume der Wildnis...
Farewell Edith!

*J*edesmal, wenn wir die Post abholten, fiel mein Blick
über die Ebene von Cedarvale hinweg auf unseren Hausberg.
Er war namenlos wie die meisten Berge hier, und so nannten wir ihn Woodcock Mountain, den Schnepfenberg.
Direkt vor unserem Haus befand er sich, direkt vor dem Wohnzimmer sozusagen,
und oft hab' ich mit dem Fernglas sehnsüchtig hinauf geschaut...
Jeden Sommer zog eine Herde Schneeziegen mit etwa 40 Tieren die Grate
und Felsvorsprünge entlang und um den ganzen Berg herum.
Sie haben das Gras in den Steilrinnen und auf den Plateaus abgeäst, meist zwei Mal im Sommer.
Kleine Gruppen, wie Mütter mit ihren Jungen, oder auch einmal ein einzelner Ziegenbock, waren das ganze Jahr über
auf jenen Vorsprüngen und in den Wänden zu sehen. Sie hatten dort ihre Einstände.
Schneeziegen sind fantastische Kletterer!
Ihre gespreizten und nach innen gewölbten Hufe saugen sich förmlich an den Felsen fest...
Trotzdem ist allein schon das Beobachten schwindelerregend, wenn man sieht,
wie sie in den Steilwänden herum und über die Felsgrate hinweg tollen!

Nach Süden und Westen zu fielen die Hänge steil in die Täler ab.
Nach Osten allerdings erstreckte sich ein mehrere Kilometer langer Bergrücken, der ganz allmählich nur an Höhe verlor.
Er war in der oberen alpinen Zone dicht mit Heidelbeersträuchern bewachsen.
Kilometerlang waren die Felder und im Herbst leuchtete der ganze Berg dunkelrot, als ob er in Flammen stünde...
Die Blaubeeren waren reif, und ab und zu konnte man Schwarzbären oder Grizzlys beobachten,
wie sie sich an ihnen gütlich taten.
Bären mögen süss!
Und immer wieder, fast schon täglich, flogen Weisskopfseeadler vorbei.
Hoch oben, an den Felswänden entlang, wo die Aufwinde sie trugen...

Bereits im September fällt auf der Hochalpine der erste Schnee, und es ist nach dem Sommer immer wieder
ein herrliches Bild, die Felsen aufs Neue weiss überzuckert zu sehen.
Man kann zuschauen, wie der Schnee dem Winter zu langsam ins Tal herab wandert. Wie er auf der Alpine weiter und
weiter ansteigt, bis alles meterhoch mit dicken, weichen Matten zugedeckt ist, bis kaum ein Fels mehr hervor schaut.
Doch Stürme kommen auf, und tobend und fauchend wirbeln sie den Schnee in alle Richtungen,
blasen die Felsen wieder frei und verfrachten die Schneemassen in Kare und Windschatten der Grate...

Bald kehrt der Frühling zurück.
Die Temperaturen steigen, der Schnee wird nass und schwer, Lawinen lösen sich
und stürzen, alles unter sich begrabend, mit donnerndem Getöse die Hänge hinunter...
Das frische Grün der neu erwachten Vegetation jedoch,
es wandert langsam und stetig, Schritt für Schritt, die Hänge wieder hinauf...!

Das ganze Jahr über bietet der Berg Unterhaltung...
Er lässt jedes Entdeckerherz höher schlagen und den Pioniergeist erwachen!
Wie wird es wohl sein dort oben? Wie sieht es aus auf der anderen Seite?
Was ist alles verborgen im Wald?
Wo lässt sich ein Weg finden, hinauf auf die Höhen?

Mit jedem Meter, den man steigt, ändert sich sein Gesicht...
Doch nicht nur das, man sieht auch die verschiedenen Klimazonen direkt vor sich.
Was sich sonst über tausende von Kilometern erstreckt, ist hier aufgeschlagen wie in einem Buch.
Das milde Klima in den Tälern mit Farm- und Obstanbau, über den Regenwald der unteren
Hangbereiche bis zu den oberen Waldzonen mit Balsamtannen und Engelmannfichten.
Die Alpine, die Tundra, und schliesslich die Felsen mit ihren Gletschern und Eisfeldern, die Polarregion.
Alles hat man mit einem Blick vor sich, kann man in ein, zwei Tagen erreichen, durchwandern, erleben...

Obwohl ich den Pioniergeist und Entdeckerdrang in mir habe, bin ich nie viel gereist.
Eine Reise als solche hat mir nicht viel gegeben, es sei denn,
um eine neue Gegend zum Homestaedten ausfindig zu machen.
Ich bin dann umgezogen, doch länger als zwei, drei Jahre habe ich es dort auch nicht ausgehalten,
dann hatte ich alles erkundet und wollte wieder weiter...
Neues entdecken... Neue Abenteuer...

Und es gibt doch so viel zu erkunden an einem neuen Platz!
Erst die unmittelbare Umgebung, dann weiter und weiter, das Land, die Kultur, die Menschen...
Und das ganz besonders in Kanada!
Das Land ist riesig.
Es hat gar keinen Sinn, alles sehen zu wollen... Es geht gar nicht!
So reisen Viele in kurzer Zeit über grosse Strecken -
Und sehen doch nicht mehr als sie schon im Fernsehen oder in Büchern über und über gesehen haben!
Nein, viel besser ist es, an einem Ort zu bleiben und die unmittelbare Umgebung kennen zu lernen.
Das Land, die Kultur, die Menschen...
Langsam ... Mit Ruhe ... Und Erholung ...
Und nie vergessen:
Man braucht ja gar nicht weit zu gehen!
Oft sieht es nach hundert Kilometern nicht viel anders aus als nach hundert Metern...!
Hier in Kanada ist das Land noch jung. Das heisst, es ist noch nicht jeder Meter der Natur
vom Geist des Menschen und seinen Tätigkeiten durchdrungen wie in Europa.
Das ist der Unterschied!

𝓦oodcock Mountain, der Schnepfenberg...
Die Aufnahme zeigt die Südseite unseres Hausberges
und ich hoffe, sie vermittelt dem Betrachter zumindest
einen kleinen Eindruck von der Vielseitigkeit dieses Berges.
Deutlich zu sehen ist das grosse Plateau sowie das Geröllkar
unterhalb des Gipfels.
Auf dem Plateau die Überraschung und im Geröllkar -
Tja, man kann sich vorstellen, dass es einige Mühe kostet,
auf der anderen Seite vom Gipfel abzusteigen, den Berg zu
umgehen, auf dieser Seite zum Kar wieder aufzusteigen und
den selben Weg noch einmal zurück...!
Auf der rechten Seite des Fotos steile Hänge mit dichten
Bergurwäldern, durchfurcht von bis ins Tal reichenden
Lawinenhängen. Es versteht sich von selbst, dass man diese
Lawinenstriche tunlichst meiden sollte, speziell am unteren
Ende, denn da gibt es kaum ein Durchkommen.
Dichtes Buschwerk, sowie von den Lawinen teilweise
zersplitterte und kreuz und quer geworfene Baumriesen
versperren dem unglücklichen Wanderer jeden Weg...
Im Einschnitt in der Mitte fliesst unser Bach -
Meist ja in friedlicher Manier,
doch kann er sich auch wie ein Monster gebärden...!
Ungewöhnlich und beeindruckend ist, dass die ursprüngliche
Quelle des Baches direkt in den Felsen entspringt, denn von
einer Quelle hat man meist eine andere Vorstellung.
Noch ungewöhnlicher ist allerdings, dass dieser Berg
auf der Rückseite sein Gesicht vollkommen verändert...
Und das nicht nur auf Grund der Verschiedenartigkeit der
Landschaft - Denn manchmal bietet er ein grandioses
Schauspiel, wenn in seinem gigantischen Theater
die Ballerinen der Himmel tanzen...

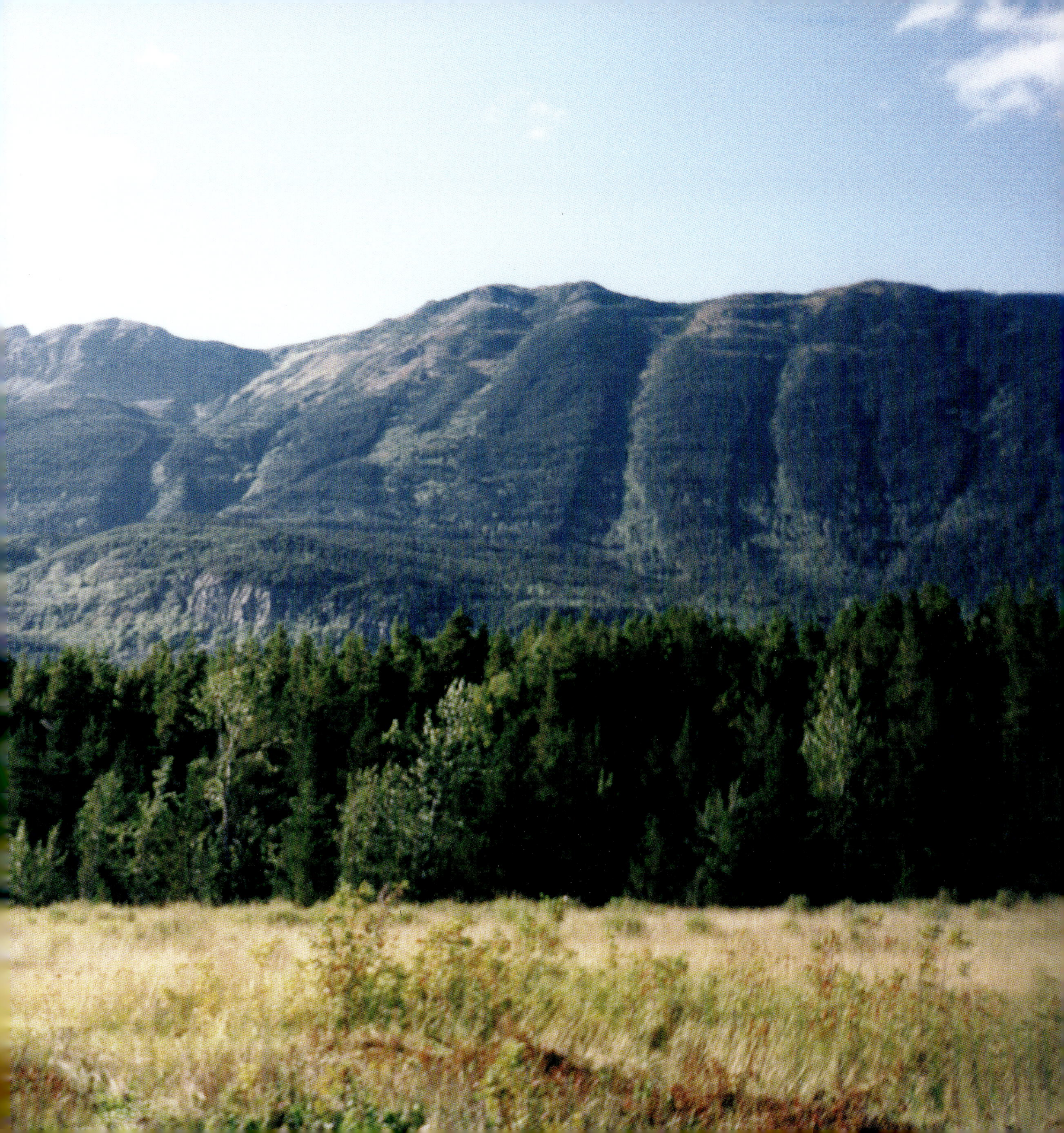

$\mathcal{L}$eicht geht der Anstieg vonstatten...
Am Anfang geht es immer leicht!
Alles ist wieder neu, man erinnert sich an das letzte Mal, vergleicht, was hat sich verändert?

Der Steig ist noch der Gleiche!
Seit über fünfzig Jahren haben Doby und Mary in Cedarvale gewohnt.
Sie kamen aus der Tschechei, aus Prag. Ich hab' sie noch kennen gelernt, zwei echte Oldtimer...
Oft haben sie die Wochenenden hoch oben auf der Alpine verbracht. Sie verstanden sich gut
und der Aufenthalt in Gottes schönster Natur waren Erholung und Erlebnis zugleich für das Ehepaar.
Sie gingen immer wieder denselben Steig und haben ihn über die Jahre auch weiter ausgebaut,
hauptsächlich von Fallholz frei geschnitten.
Am Quellwasser eines Gebirgsbaches, inmitten bunter Blumenwiesen und grüner Tannen hatten sie ihren Campingplatz.
Die Quellen bildeten zwei kleine Seen, oder besser gesagt Wasserstellen, denn allzu gross waren sie nicht -
Doch tief genug, um an heissen Sommertagen in dem kühlen, klaren Wasser zu baden.
Hinzu kamen das wohl obligatorische Campfeuer und Picnic, die überwältigende Farbenpracht der Natur,
die lauen Sommernächte, der leuchtende Sternenhimmel, und es bedarf wohl keiner Fantasie,
um sich vorzustellen, dass es diesem Paar an Romantik nicht fehlte...
Kilometerweit kann man dort oben wandern, ja spazieren gehen...
Kleine Wasserstellen wechseln ab mit Wiesenmatten und niedrigen Baumgruppen -
Und immer wieder nimmt die nach allen Richtungen traumhaft schöne Aussicht dem Wanderer den Atem...
Doby und Mary sind leider nicht mehr da...
Aber Jason Katz hält die Trails weiterhin frei und begehbar -
So bleibt dieses Kleinod erhalten.

Ich selbst bin diesen Trail auch oft gegangen, aber als Pionier und Entdecker hab' ich mir am liebsten
meinen eigenen Weg gesucht - Meist entlang der Elchwechsel...
Man findet die Elche fast überall, ob auf der hohen Alpine oder im Tal, je nach Jahreszeit natürlich.
Im Winter stehen sie gern in südlichen, unteren Hanglagen, wo wiederholte Waldbrände oder felsiger, nasser
Untergrund offene Stellen geschaffen haben. Nur vereinzelt stehen hier Bäume, meist Pappeln,
aber es gibt viel Buschwerk, vor allem ganze Felder von weichen, circa einen Meter hohen
rötlichfarbenen Büschen, den Red Willows. Moose pastures, oder Elchweiden werden sie genannt.
Red Willows haben dicke Knospen, und diese, wie auch die Zweige, sind ein Leckerbissen für die Elche.
Sie leben ja von Zweigen, sie grasen nicht.
Schon der Name sagt es:
„Moose" ist indianischen Ursprungs und heisst übersetzt „Twigeater" oder eben „Zweigesser".
Doch auch die äusserst nahrhafte Rinde der Pappeln schätzen sie -
Und so haben viele dieser Bäume in Kopfhöhe etwa tellergrosse, blank geschälte Stellen.
Als Neuling fragt man sich, woher diese wohl kommen?
Nun, die Moose waren es...

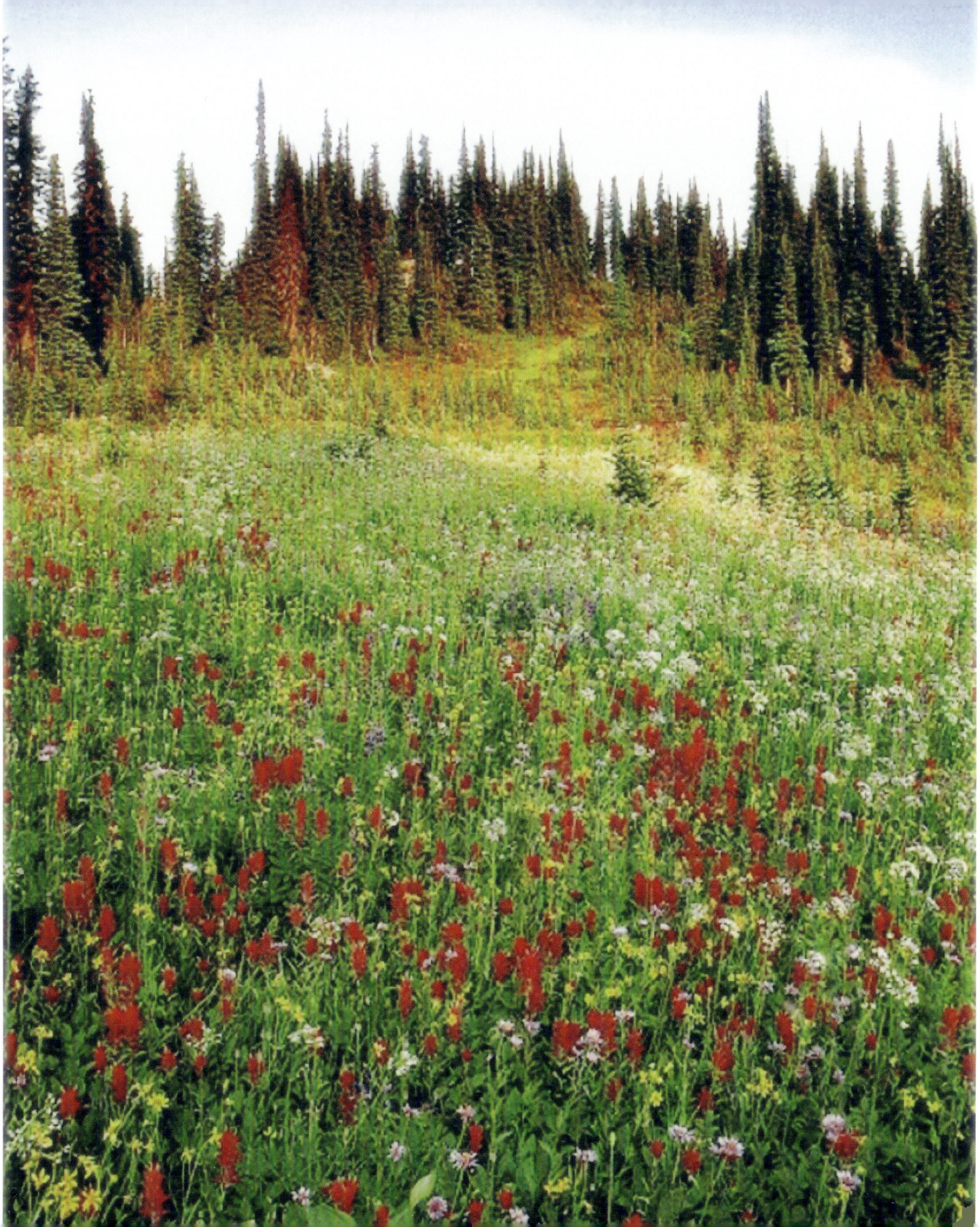

Vorherige Seite: Alpine Blumenwiese mit Engelmannfichten. Herrlich anzuschauen sind diese Matten, doch nicht ganz so leicht zu durchwandern. Meist ist der Untergrund nass, was bei entsprechendem Bergschuhwerk noch kein Problem darstellt, aber die fast meterhohen Blumen verdecken auch Steine und Geröll, welche Schritt und Tritt oft in ein unberechenbares Unternehmen verwandeln...

Paintbrush, der Malerpinsel. Treffend ist im Kanadischen Volksmund die Bezeichnung für diese Pionierblume. Und obwohl der gerade aufgeschwemmte Kiesboden im besten Fall als karg bezeichnet werden kann, gehen diese Pioniere sofort an die Arbeit! Schon im folgenden Jahr besiedeln sie den nackten Boden und beginnen, zusammen mit ihren Pionierbrüdern und -Schwestern, ihr heilendes, beschützendes und humusbildendes Werk - Und bieten Schönheit obendrein...!

*S*teil führt der Elchpfad nach oben...
Tief unter mir taumelt das klare Gebirgswasser rauschend und gurgelnd talabwärts.
Friedlich ist der Bach jetzt... Doch nicht immer ist es so!
Während der Schneeschmelze sieht es schon anders aus...
Und einmal, es war im Herbst, hat sich dieser kleine Bach in ein flutendes Monster verwandelt!
Zuerst hatte es tagelang geschneit, und meterhoch schon lag der Schnee auf den oberen Bergregionen.
Dann kam milde und mit Feuchtigkeit voll beladene Luft vom südwestlichen Pazifik herein.
Und jetzt regnete es tagelang...
Der Schnee schmolz bis in die oberen Felsregionen und Schnee- und Regenwasser
verbündeten sich zu einer Monsterflut!
Unablässig und gnadenlos hämmerten die Sturzwasser auf das Bachbett ein,
rissen Steine, Fels und Erde mit sich, entwurzelten Bäume und donnerten zu Tal.
Nichts kann diese Wasser aufhalten!
Ungeheure Kräfte entfalten sich und binnen kurzer Zeit wurde unsere Strasse überflutet,
unterspült und schliesslich einfach weggerissen...
Aber damit nicht genug, die Flut breitete sich über die ganze Wiese aus, riss die Erdkrume mit sich fort
und deckte alles mit einer halbmeterdicken Schicht aus Kies und Geröll zu...

Ein paar Tage später war es wieder friedlich.
Sonne, Himmel und Berge lachten und alles war vergessen...
Mehr noch:
Viele der Abermilliarden von Samen, die ja überall und mitunter lange, lange Zeit
im Erdendunkel schlummerten, erblicken jetzt das Licht der Sonne, erwachen,
lassen sich erwärmen, keimen, und nutzen ihre Chance.
Hinzu kommen die Samen der gesamten Vegetation, von Gräsern, Büschen, Bäumen...
Viele werden vom Wind hochgewirbelt, fortgetragen und übers ganze Land verstreut.
Sie finden jetzt Halt an der feuchten Erde, bleiben kleben, keimen, krallen sich fest,
spriessen und gehen sofort an ihr immerwährendes Werk,
den Boden zu beschützen und Humus zu bilden...
Und der Kreislauf des Lebens beginnt aufs Neue...!

Bald schon ist Gras über alles gewachsen...
Nicht viel erinnert mehr an die Urgewalt, die hier tobte.
Doch wehe dem, der sein Haus in unmittelbarer Nähe des Baches gebaut hatte:
Er kann sich nur noch davon verabschieden!

**W**eiter geht's den Elchpfad entlang und steil bergauf...
Der Wildwechsel verläuft auf einem Rücken entlang des Baches. Meist ist dieser mit niedrigen
Balsamtannen bestanden, doch auch mit dichtem Unterwuchs, oft Dornbüschen...!
Im Einschnitt des Creeks stehen Zedern, fast kerzengerade und bis zu vierzig Meter hoch gewachsen.
Sie kommen aus dem dunklen, windgeschützten, engen Einschnitt und streben dem Licht zu.
Wunderschöne Bäume sind es, doch auch ideal geeignet für Telefonmasten...
Die Holzfäller würden sich freuen!
Doch viel zu unzugänglich ist das Gelände hier, und so bleiben sie uns Gottseidank erhalten.

Flacher wird es jetzt, und in kurzer Zeit bin ich oben angelangt.
Nicht auf dem Gipfel, aber auf einem dem Berg vorgelagerten, grossen Plateau.
Etwa zwei, dreihundert Meter breit ist dieses Plateau, und es zieht sich für ein paar Kilometer
langsam bergan. Leicht hügelig ist es, Felsen schauen ab und zu hervor,
dicht steht der Wald - Balsamtannen, Hemlock, Zedern, Birken, Pappeln.
Der Bach, hier nur ungefähr ein Meter breit, kommt geradlinig von oben herab,
quer über das flache Plateau.
Mit kindlicher Übermütigkeit turzelt und purzelt er
kullernd und leise gurgelnd über Steine und Wurzeln hinweg...
Bis zum Wasser hin reicht dickes, weiches Moos und der gesamte Waldboden
ist wie mit einem flauschigen, grünen Teppich bedeckt.
"Setz dich nieder!"
scheint der kleine Bach zu sagen... Einladend... Betörend...
Und ich kann gar nicht anders als mich nieder zu setzen und zu lauschen, wie er seine Geschichten erzählt...
"Warum die Eile? Warum Hetze? Bleib doch hier! Mir gefällt's... Ich bin schon lange da...!"
Und beruhigend wirkt sein leises Murmeln und Flüstern,
sein Singsang in gleichmässigen, gedämpften Tönen...

Intensiv spürt man den Einfluss der Natur. Niemand verläuft sich hierher.
Es ist vollkommen menschenleer und ein überwältigendes Gefühl der ewigen Ruhe überkommt mich...
Alle Sorgen, selbst Gedanken, verschwinden, fallen einfach ab.
Ich gerate in einen Zustand der vollkommenen Zeitlosigkeit, ja Ewigkeit...

Vom Rande des Plateaus hat man einen herrlichen Blick über das weite,
liebliche Skeena Tal und auf die Seven Sisters gegenüber.
Von hier erscheinen sie noch weitaus gewaltiger als vom Tal aus gesehen.
Und hinter mir, über das gesamte Plateau hinweg, dominiert der Gipfel meines Berges.
Steil verläuft der Hang aufwärts - Von hoch oben winken Felsen, Grate und Zinnen auf mich herab.
Und wie der Bach, so locken und flüstern auch sie:
Komm hierher... Hier hinauf...!

Lieblicher, kleiner Wasserfall in Cedarvale...
Besonders beliebt war dieser Wasserfall natürlich
bei den Kindern! Was gibt es erfrischenderes
als bei brütender Sommerhitze hier eine kühle
Dusche zu nehmen...?
Erwachsene hingegen lädt die friedliche und
entspannende Atmosphäre zum Picnic ein -
Es sei denn, Doby's Trail, der hier seinen
Anfang nimmt, ist Ziel des Besuches...

*J*etzt erst mal die Brotzeit!
Meist ging ich alleine auf Gebirgstour,
aber manchmal hab' ich auch meinen Sohn Robert mitgenommen.
Er war damals zwölf Jahre alt und schon ein echter Gebirgler.
Christine war leider noch zu jung für solche mehrtägigen Touren.
Aber es kann ja noch nachgeholt werden, Christine!

Am ersten Tag der Wanderung hatten wir noch normale Verpflegung.
Das heisst, ein paar hartgekochte Eier, ein paar Äpfel, selbst gebackenes Brot
und Ziegenkäse aus eigener Herstellung...
Wir waren ja Selbstversorger und erzeugten unsere Lebensmittel fast ausschliesslich selbst.
Eier hatten wir von unseren Hühnern, Milch, Käse und Butter von den Ziegen,
Obst und Gemüse vom Garten...
Das Getreide wurde mit der Handmühle frisch gemahlen, jeden Tag zehn Minuten genügten hierzu,
und Brot selbst gebacken.
Natürlich gab es jeden Morgen Müsli!
Fleisch und Fisch vom Jagen und Angeln komplettierten den Speisezettel -
Und von allem wurde für den Winter mit dem Dampfdrucktopf eingekocht.

Nun für all' diejenigen, die es interessiert:
Ja... Natürlich haben wir auch Bärenfleisch gegessen!
Es schmeckt sehr gut und der Geschmack liegt etwa halbwegs
zwischen dem von Rind- und Schweinefleisch.
Allerdings muss man folgendes unbedingt beachten:
Bären gehören zur Familie der Schweine und können somit von Trichinen befallen sein -
Und eine Trichinenvergiftung kann tödlich ausgehen!
Eine gute Idee ist deshalb, das Fleisch auf möglichen Trichinenbefall zu untersuchen,
oder zumindest muss man es bei ausreichender Hitze sorgfältig durchgaren!
Das vernichtet die Trichinen.
Am besten ist es jedoch wie wir es machten:
Das ganze Bärenfleisch mit dem Dampfdrucktopf einkochen.
Dann ist man hundertprozentig sicher.
Auch braucht man danach das Fleisch nur noch
aus dem Glas zu holen, würzen, anrichten, und:
Guten Appetit!

Erste Rast auf Doby's Trail... Mit Robert auf Gebirgstour.
In den dicht bewaldeten Hanglagen der Berge ist das Klima immer mild.
Geschützt durch die hohen Bäume und dem oft vorhandenen Unterwuchs filtert die Luft tagsüber vom Tal her aufwärts
und Nachts von den Höhen her abwärts. So ist es nie feucht und kalt wie in Talnähe, und auch nicht durchdringend windig wie auf den Höhen.
Hinzu kommen die milden, ebenso von den Ästen der Tannen gefilterten Sonnenstrahlen und alles zusammen
ergibt eine leichte Atmosphäre der Ruhe und des Wohlgefühls...
Ist es uns da zu verdenken,wenn wir schon nach kurzem Marsch die erste Rast einlegen...?

𝒲ie gesagt, heute, am ersten Tag unserer Wanderung
gab es noch belegte Brote, Äpfel und Eier...
Allerdings konnten wir nicht genug davon mitnehmen,
um für mehrere Tage damit versorgt zu sein.
Man muss unbedingt auf das Gewicht des Gepäcks achten!
Für mich lag die Obergrenze bei etwa vierzehn Kilogramm.
Am ersten Tag geht es noch,
doch dann scheint das Gepäck mit jedem weiteren Tag schwerer und schwerer zu werden...
So bestand unsere Nahrung der folgenden Tage hauptsächlich aus Milchpulver, Mehl,
vielleicht noch zwei Eiern, etwas Käse, Honig und getrockneten Äpfeln.
Fleisch hab' ich nie mitgenommen.
Es war nicht notwendig, hatte zu viel Gewicht und lockt natürlich auch die Bären an.
Sie riechen kilometerweit mit ihrer feinen Nase und wollen nachschauen was es da Gutes gibt...!
Doch ohne Fleisch hatte ich diesbezüglich noch nie Probleme, und das, obwohl ich meine Verpflegung
meist nicht, wie ja dringend angeraten, fünfzig Meter entfernt auf einen Baum gehängt habe.
Das ist sicherlich ein sehr guter Rat! Aber nicht immer befolgt man ja solchen...
Allerdings wüsste ich auch nicht, wie man seine Verpflegung auf der Alpine aufhängen soll...!?
Da gibt es ja bekanntlich keine Bäume...

Heute gab es also noch eine königliche Brotzeit.
Ein kleines Campfeuer wurde entfacht.
Hierzu hat man am besten immer etwas Birkenrinde dabei.
Sie hat einen sehr hohen Ölgehalt und brennt selbst in nassem Zustand!
Nicht umsonst haben die Indianer ihre Kanus aus dieser Birkenrinde gebaut.
Sie ist äusserst leicht und dank dem hohen Ölgehalt auch wasserdicht.
Also etwas Birkenrinde auf zwei Holzstücke gelegt, dazu ein bisschen „Squawwood",
alles anzünden, und schon hat man ein kleines Feuer am gehen...
Squawwood nennt man die unteren, abgestorbenen und knochentrockenen Äste an noch
stehenden Bäumen, die von Indianerfrauen, den Squaws, abgebrochen und gesammelt wurden.
Anmerken möchte ich noch, dass es sich bei dieser Birke selbstverständlich um die
Kanadische Weisse Birke handelt, auch Paper Birch, oder übersetzt, Papierbirke genannt.
Sie unterscheidet sich von der Europäischen Birke hauptsächlich durch die Rinde, welche
vollkommen glatt ist und sich oftmals, ohne grossen Aufwand, rundum abziehen lässt.
Wie Papier eben...
Man kann sie sogar zum Schreiben benutzen,
sozusagen als eine elegante, aussergewöhnliche Form des Briefpapiers...

So, das Feuer brennt...
Jetzt ein bisschen Wasser in die Pfanne,
über die Flamme gehalten, und schon kocht es.
Etwas Kaffee in die Blechtasse, überbrüht -
Und fertig ist der herrlichste Kaffee der Welt!
So einfach geht es!
Mit dieser kleinen Edelstahlpfanne hab' ich alles gemacht:
Wasser erhitzt, Pfannkuchen gebacken, Chapatis...
Sie ist sehr leicht, unzerstörbar und heizt sich blitzschnell auf.
Die Chapatis kommen direkt in die heisse Pfanne bis sie aufpuffen.
Eine andere Möglichkeit ist, sie auf eine kleine Gabel aus grünen Weidenruten zu legen
und direkt in die Flamme zu halten...
Übrigens, eine solche Pfanne, eine kleine Schale, ein Kaffeelöffel, ein Messer und eine Blechtasse
ist alles was man hier an Geschirr braucht...!

Gewöhnlich hab' ich einmal am Tag ein Campfeuer gemacht
und die Mahlzeiten für ein bis zwei Tage zubereitet.
Man weiss ja nie...
Manchmal kommt der Regen oder man gerät in die Nacht, weil sich rechtzeitig
kein geeigneter Platz fürs Nachtlager findet...
Viel kann passieren und so hat man immer Verpflegung zur Hand.

Und dann war ja noch das Milchpulver...
Davon hatte ich immer eine grössere Menge dabei!
Es ist getrocknete Vollmilch und hat somit einen sehr hohen Eiweissgehalt.
Ich habe das Milchpulver löffelweise gegessen.
Erstens hab' ich es gemocht, und zweitens kann man ohne grosse Umstände zu jeder Rast
einige Löffel davon essen, dazu ein paar Schluck Kaffee aus der Thermoskanne,
ein, zwei Chapatis, ein bisschen Ziegenkäse - Und schon kehrt die Kraft zurück!
Die Ruhe, die Schönheit der Natur, die Unabhängigkeit, die Freiheit...
Na ... Und was kann schöner sein ... ?!

*M*orgenstimmung im Bergwald...
Deutlich zu sehen im Vordergrund die dicht mit Flechten behangenen Äste der Urwaldtannen. Diese Flechten wachsen nur an alten Bäumen. Sie sind besonders wichtig für das Überleben der Waldcaribou, da sie deren ausschliessliche Winternahrung darstellen. So ist der Schutz des Urwaldes nicht nur unablässig für den Erhalt des Waldes selbst, sondern auch für die Tiere und Pflanzen, die darin leben. Vor diesem Hintergrund kann man verstehen, dass Umweltschützer erbittert um die letzten noch verbliebenen Urwälder kämpfen...
Bei dem hier gezeigten Urwald handelt es sich allerdings nicht um einen ökonomisch wertvollen talnahen Bestand, sondern um vorwiegend aus Hemlock bestehendem, hochgelegenem Bergwald. Man kann schon die teilweise dürren Baumspitzen erkennen. Beim Fällen solcher Bäume kommt es oft vor, dass der ganze Stamm zersplittert und sozusagen in Staub zerfällt, so verrottet sind manche dieser Bäume, obwohl sie noch aufrecht stehen, mitunter sogar noch viele Jahrzehnte...
Für die Holzindustrie aber haben sie deshalb zum grössten Teil nur Papierholzwert - Wenn überhaupt! Um so wertvoller allerdings sind diese überalterten Wälder für seltene Pflanzen und Tiere...!

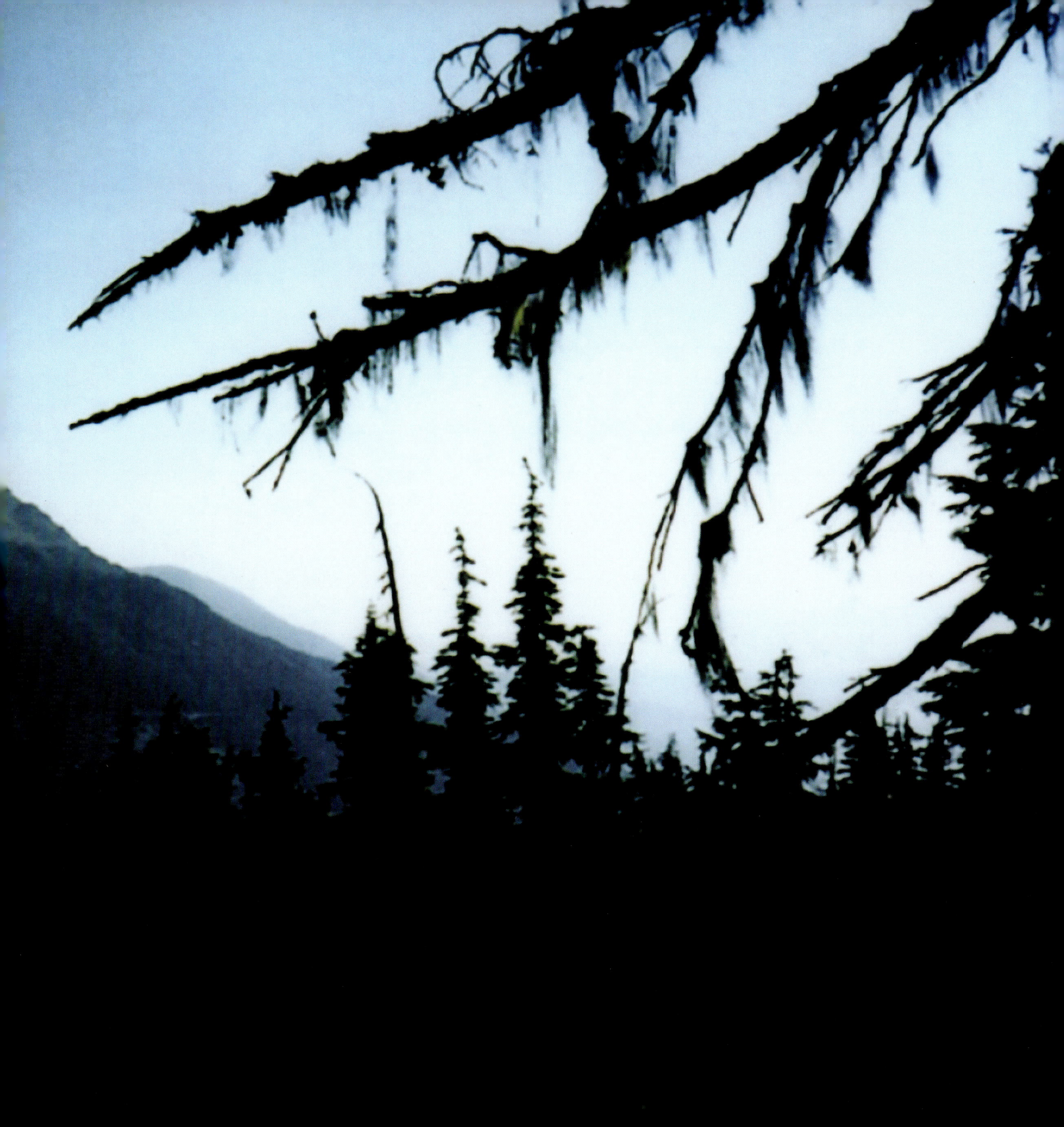

*V*om Regen überrascht...
Ja, das kommt vor im Regenwald, nicht umsonst heisst er so!
Obwohl es im Sommer auch Perioden langer Hitze und Trockenheit geben kann.
Bis zu vierzig Grad heiss kann es werden, bei geringster Luftfeuchtigkeit und über viele Wochen hinweg.
Dann wird selbst der Regenwald zur Tinderbox, zur Streichholzschachtel!
Die hohe Anzahl toter Bäume bietet reichlich Nahrung für Waldbrände.
Die Bäume stehen noch aufrecht, sind aber schon seit Jahren abgestorben
und ihr Holz im Innern ist vollkommen ausgetrocknet.
Der Regen läuft aussen am Stamm herab und dringt nicht weit ein.
Ein paar Tage Hitze nur, und auch diese Feuchtigkeit ist ausgetrocknet.
Dann die von den Ästen herab hängenden Flechten...
Es ist die Winternahrung der Wald-Karibu, aber jetzt ist auch diese brottrocken.
Die senkrecht auf die Südhänge einfallende Sonne trocknet das am Boden liegende Fallholz,
das Moos und selbst die obere Humusschicht aus...
Und überall, an allen freien Stellen bis in die Alpine, steht Gras, jetzt gelb, verdorrt und tot...
Nahezu die gesamte Vegetation hat sich in potentielles, leicht entflammbares Brennmaterial verwandelt.
Die Lage ist explosiv und es bedarf nur eines Streichholzes, nur einer achtlos weggeworfenen Zigarette,
um verheerende Brände zu entfachen...

Doch meist entstehen diese durch Blitzschlag.
Wochenlang wird die Luft von der Sonnenglut aufgeheizt, wird alles ausgetrocknet
und die Atmosphäre elektrisch aufgeladen.
Sommergewitter bilden sich über den Bergen.
Mitunter regnet es nicht einmal, aber rundum züngeln Blitze aus den Wolken...
Treffen sie auf ausgetrocknete, leicht entflammbare Standorte, ist es passiert!
Der Wald explodiert förmlich, Funken sprühen und Flammen schiessen in die Höhe.
In Windeseile greift das Feuer um sich.
Eine unvorstellbare Hitze entwickelt sich!
Sie trocknet alles um sich herum aus und schafft immer neue Nahrung
für den wütenden und alles verschlingenden Brand.
Dicke Rauchwolken schiessen in die Höhe und verdunkeln den Himmel...
Die Täler sind wie von einem milchigen Dunst erfüllt und es riecht nach Rauch.
Selbst hunderte von Kilometern entfernt scheint es, als schirme hohe Bewölkung die Sonne ab.
Aber es sind keine Wolken, es ist der Rauch der Waldbrände...
Wehe dem einsamen Wanderer, der von solch einem Feuer überrascht oder gar eingeschlossen wird!
Er befindet sich in tödlicher Gefahr.
Vielleicht kann er sich ins Wasser eines Wildbaches retten, ich weiss es nicht...

Heute allerdings regnet es...
Ein warmer Sommerregen zwar, doch weiss man nie... Es kann schnell kühl werden im Gebirge, ja kalt.
Nichts aussergewöhnliches ist es sogar, bei Plus dreissig Grad aufzusteigen und dann vom Schnee
überrascht zu werden. Es ist deshalb wichtig, darauf zu achten, dass man nie durchnässt wird!
Bei länger anhaltendem Regen, vielleicht tagelang, kann man sich nicht mehr trocknen.
Es wird kalt, der Körper unterkühlt. Mehr und mehr Energie wird benötigt, um den Temperaturverlust auszugleichen.
Unkontrolliertes Schütteln und Zittern stellt sich ein, um diese Energie vom Körper freizusetzen.
Finger und Hände lassen sich nicht mehr bewegen, führen keine Befehle mehr aus.
Die Konzentration lässt nach ... Man kann nicht mehr klar denken ... Man bekommt Angst ...
Panik stellt sich ein!
Man will nur noch nach Hause, nur runter vom Berg! Auf geradem Weg nur runter und nach Hause!
Es kann das Ende bedeuten...
Soweit habe ich es selbst erlebt.
Ich konnte mich aber doch noch besinnen, hab' die Ruhe bewahrt, mich überwunden,
und bin vor dem Absturz stehen geblieben...!
Deshalb:
Unter allen Umständen die Kleidung trocken halten!
Niemals die trockene und wasserdicht verpackte Notkleidung vergessen!
Und immer ist es klug, bei aufziehendem Wetter den schützenden Wald aufzusuchen!

Nächste Seite: Riesige Douglasien im Regenwald. Die Höhe der Bäume ist abhängig von der Fruchtbarkeit des Bodens.So ist es nicht verwunderlich, dass die mächtigsten Urwaldriesen in den Tälern zu finden sind. Allerdings ist der Zugang zu den Talböden relativ einfach und so fielen diese Wälder als erste der Holzausbeute zum Opfer... Es ist ein historisches Verdienst der Umweltschützer, dass ein Grossteil der noch verbliebenen talnahen Urwälder Heute geschützt sind!

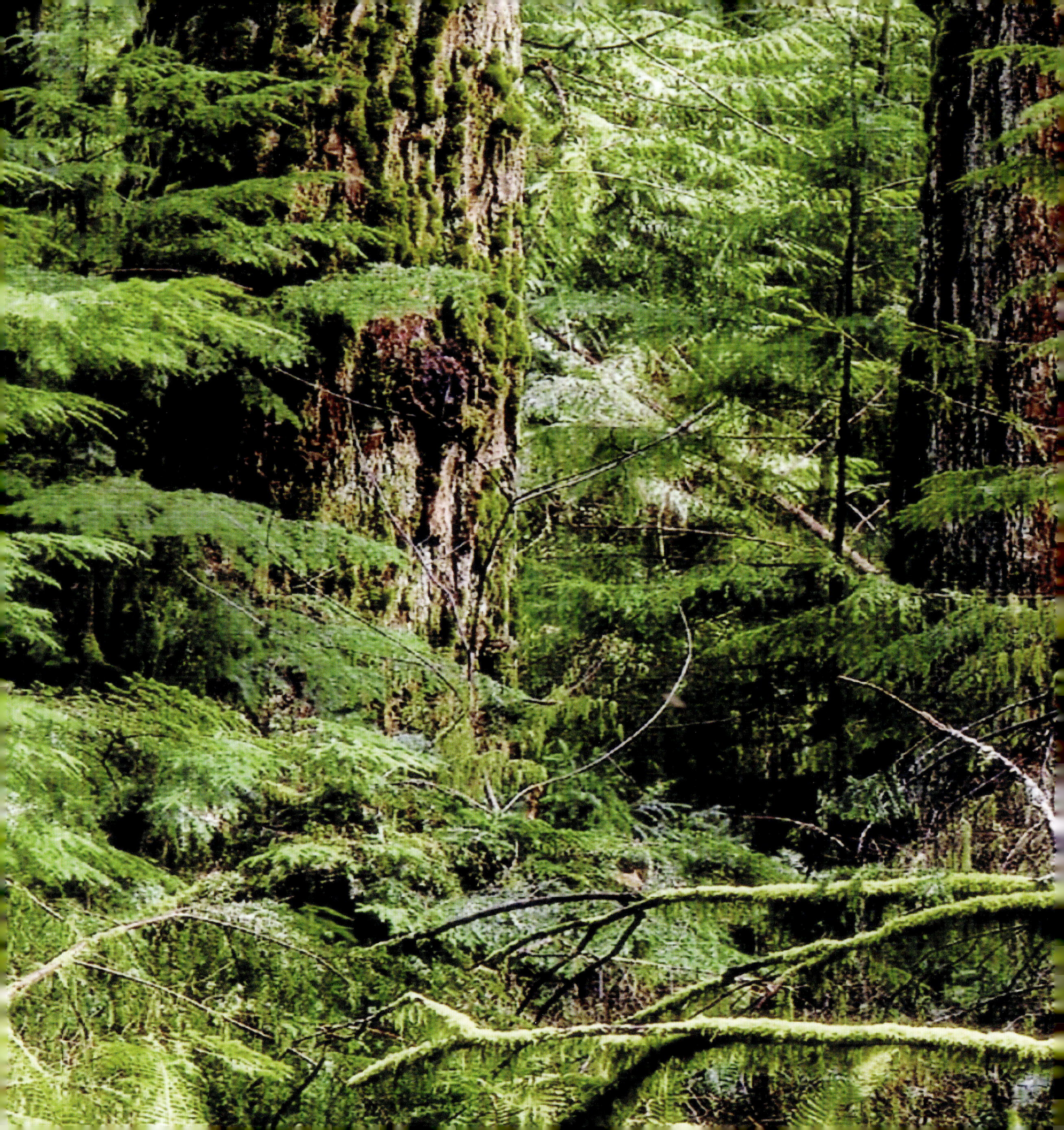

𝓤nd da bin ich jetzt...
Dicht steht der Wald am Boden des Hochtales. Windgeschützt ist es hier, und die Walderde ist tiefgründig und feucht.
Beste Lebensbedingungen also, wenn man Baumriese werden will...
Und manche sind es geworden!
Zedern, Hemlock, Engelmannfichten, bis zu fünfzig Meter hoch, und mit ein, zwei Meter dicken Stämmen.
Die Engelmannfichten sind schlank mit eng anliegenden Ästen, die Äste der Zedern hingegen breit und ausladend.
Aus allen Altersklassen setzt sich der Wald zusammen, doch unter dem dichten Kronendach der Baumriesen kämpfen die kleinen Bäume ums Überleben. Nur ein paar Meter hoch sind sie, doch teilweise schon fünfzig bis hundert Jahre alt... Sie warten geduldig, dass ein Baumriese fällt, sie warten auf's Licht.
Manche haben das Glück, dann sprinten sie los und wachsen in die Höhe. Doch andere warten vergebens...

In diesem Urwald gibt es erstaunlich viel Unterwuchs, und oft ist es Devilsclub, der Teufelsschläger...!
Man sollte sich fern halten davon!
Es sind ungefähr ein bis zwei Meter hohe Stauden mit bis zu dreissig Zentimeter breiten Blättern.
Und alles, das heisst die ganzen Stauden, Stämme, Zweige und Blätter sind über und über mit spitzen Nadeln besetzt!
Deshalb wohl der Name Teufelsschläger. Man kann sie nirgendwo anfassen, nicht zur Seite biegen um durch zu kommen. Man muss vorausschauen, sich einen freien Weg hindurch suchen oder sie umgehen.

Es regnet schon, doch hier in dieser Urwelt, unter dem dichten, mächtigen Kronendach der Bäume ist noch nichts davon zu bemerken. Und wenn ich jetzt während des Regens schon nicht mehr weiter komme, warum dann nicht rasten unter einem der Urwaldriesen...?
Ein kleines Campfeuer entfachen und meine Verpflegung auffrischen, sprich kochen...?
Gedacht, getan!
Vierzig, fünfzig Zentimeter tief ist das Nadelbett unter der mächtigen Fichte... Ein bisschen ausgraben, einen Sitz machen - Bequem, trocken und weich ist es, als Rückenlehne der meterdicke Stamm.
Ein paar Äste abgebrochen, etwas Birkenrinde, und schon brennt ein kleines Feuer. Kaffee, Chapatis, Pfannkuchen, ein paar Löffel Milchpulver... Ja, genau, richtig gemütlich, ja heimelig ist es hier. Ich könnte direkt einschlafen...
Und warum auch nicht?
„Bleib doch einfach hier", denke ich... Für ein paar Stunden, für ein paar Tage...?
„Und wohin dann?" Nach Süden, Osten, Westen oder Norden?
Auf diesen Berg ... Oder jenen ... Oder hinunter ins Tal ...?
Das Gefühl der Unabhängigkeit, der Freiheit...

Tausende von Zweigen mit Millionen von Tannennadeln beschirmen mich vor dem Regen. Es ist windstill unter den Bäumen und das Nadelbett vollkommen trocken. Es scheint, als ob noch nie selbst nur ein einziger Regentropfen den Boden unter dem Kronendach erreicht hätte...
„Draussen" regnet es jetzt in Strömen.
Doch hier in meiner „Wohnung" ist es gemütlich, trocken und warm.
Ohne zu fragen hat er mir Schutz gewährt -
Der grosse Baum in seinem Reich...

*A*uf geht's, Robert!
Tja... Auch die schönste, ja himmlischste Brotzeit geht einmal zu Ende.
Die Schatten der Bäume werden länger, früher als sonst wird es dunkel unter dem dichten Kronendach,
und wir haben noch keinen Lagerplatz für die kommende Nacht.
Direkt am Bachlauf ist es ungünstig zu lagern, hier kommen mitunter Wildtiere entlang und das Moos ist zu tief und feucht.
In wenigen Minuten ist alles zusammen gepackt und wir machen uns auf den Weg,
einem kleinen Quellwasser entlang, dem Plateau aufwärts folgend.
Man will gut und sicher schlafen, so muss der Lagerplatz einige Kriterien erfüllen:
Möglichst eben sollte er sein, sonst rutscht man immer wieder ab während des Schlafes, wenn es überhaupt dazu kommt...!
Dann trocken und nicht in einer Mulde. Sollte es regnen, sammelt sich hier das Wasser. Ein ungemütliches Erwachen!
Und möglichst frei von Wurzeln oder grösseren Steinen.
Wir hatten unsere Unterlegematten dabei, das Zelt wird darüber aufgeschlagen,
und so sollte es eigentlich recht bequem und komfortabel sein für die Nacht...

Noch besser und geradezu königlich schläft man, wenn man sich etwas Zeit nimmt und eine Matratze baut,
vorausgesetzt natürlich, es ist geeignetes Material zur Hand... Mit dem Messer schneidet man von kleinen Bäumchen
etwa fünfzehn Zentimeter lange Zweigspitzen ab, am besten von Balsamtannen, denn deren Nadeln sind besonders weich.
Diese Spitzen steckt man in den Boden, eine neben der anderen, und Reihe für Reihe.
Wenn fertig, ist es die komfortabelste Matratze der Welt! Und alles Natur und zum Nulltarif!
Man sollte allerdings darauf achten, nicht alle Zweige der Bäumchen abzuschneiden.
Besser, ein paar von hier, ein paar von dort. Die Bäume helfen gern und stellen sich uns sogar zur Verfügung...
Aber sie wollen auch weiterleben!

Heute ist keine Zeit mehr eine Matratze zu bauen, wie so oft eben, wenn man die Suche nach dem Lagerplatz auf die letzte
Minute hinausschiebt. Es ist schon halb dunkel und die langen, schwarzen Schatten der mächtigen Tannen tun ihr Übriges.
Schon ist nicht mehr alles zu erkennen und die Kobolde der Nacht erscheinen, fangen an zu tanzen, mal hier, mal dort...
Kaum kann man sich dem unheimlichen Gefühl erwehren in tiefer Dämmerung, in tiefem, dunklem Wald,
fernab jeder Menschenseele.
Obwohl, in der Natur ist man doch sicher, eine gewisse Vorsicht natürlich vorausgesetzt...! Auf jeden Fall sicherer
als im Strassenverkehr, das ist klar. Daher wohl auch der Wahlspruch mancher Farmer auf weit abgelegenen Höfen:
„People are trouble ... Menschen bedeuten Schwierigkeiten!" Nicht immer ist es so, aber doch wohl oft...
Flott geht das Herrichten des Lagerplatzes vonstatten:
Kleine, spitze Ästchen werden weggeräumt, Unebenheiten geglättet, mit trockenen Tannennadeln ausgefüllt,
die Unterlegematten ausgebreitet, das Zelt darüber aufgeschlagen.

So, das Wichtigste wäre geschafft!
Vielleicht noch ein wenig Brennholz sammeln für morgen früh, fürs morgendliche Campfeuer?
Warum nicht... Die Axt ist immer zur Hand - Leicht, klein, aber messerscharf geschliffen.
Ein paar Äste abgebrochen, andere, grössere mit ein paar Axthieben in kurze Stücke zerkleinert.
Nach kurzer Zeit ist auch das getan.

"Was ist das?" ruft Robert...
"Was... wo?" antworte ich...
"Da vorne, da, kannst du es nicht sehen?"
"Ja tatsächlich, irgendwas bewegt sich da... ein Schatten?"
Nein, kein Schatten, aber etwas grosses, schwarzes, undefinierbares kommt auf uns zu...
Ein Bär!?
Das Fernglas!
Aber nichts ist zu sehen, in der Aufregung kann ich die Stelle gar nicht finden, zu nahe ist es und alles erscheint nur riesig und dunkel durch's Glas. Das schwarze Etwas kommt zielstrebig näher, wie angewalzt, wiegt sich nach links, nach rechts, jetzt nur noch etwa zwanzig Meter entfernt...
Ein grosses Tier muss es sein und es gibt drohende, dumpfe Töne von sich:
"Unk ... Unk ... Unk ..."

"Rennen, Robert! Los, Rennen!!"
Alles hingeworfen, Fernglas und alles, und gerannt, so schnell wir konnten...!
Nach cirka fünfzig Meter sind wir stehen geblieben, haben uns umgeschaut...
Und was war es...?
Ein Moose!
Aha... Ein grosser Elchbulle war es!

Gerade haben wir ihn noch sehen können.
Gross und schwarz stand er da mit seinen mächtigen Schaufeln, die lange Nase direkt vor meinem Rucksack...
Da hat er seinen Kopf hochgeworfen, jetzt war ihm alles klar!
Umgedreht ist er, und in wiegendem Trott zwischen den Bäumen hindurch in der Dunkelheit verschwunden...

*N*a, das war ja was...!
Und jetzt ist es uns wie Schuppen von den Augen gefallen.
Es war Ende September und die Brunftzeit der Elche in vollem Gange!
Der Elchbulle hat die Axtschläge sicher für einen Rivalen gehalten,
der wütend die Bäume bearbeitet, um das Revier für sich zu beanspruchen...
"Wer ist das? ... Hinweg mit dem Kerl!"
muss sich unser Moose gedacht haben - Und blind vor Wut ist er losgestürmt.
Bis ihm klar war, dass wir es waren ... Menschen ... Also Gefahr!
"Ach du lieber Himmel ... Weg von hier ...! Rennen!"
Und so sind am Ende beide gerannt - Erst wir, und dann das Moose...
Missverständnisse eben... Wie so oft...!
Allerdings können Moose während der Brunftzeit sehr gefährlich werden!
Sie scheinen vollkommen blind zu sein im Liebesrausch und es ist schon vorgekommen,
dass sie selbst Autos für Rivalen hielten und attackierten...!

Aber es ging doch wieder gut aus für uns... wie meistens eigentlich... Nein, wie fast immer!
Und ich bin dankbar für dieses aussergewöhnliche Erlebnis und werde es nie vergessen.
Ein solches Erlebnis hat man nur einmal im Leben...
Und Milliarden von Menschen haben es nie.
Verständlich, dass wir beunruhigt waren hinsichtlich der kommenden Nacht.
Doch nach den Regeln der Wahrscheinlichkeit waren wir jetzt eigentlich sicher.
Hundertprozentig sicher!
Klar überlegt, leuchtet es ein.
Hat man erst einmal so etwas Aussergewöhnliches erlebt, ist die Wahrscheinlichkeit gering,
verschwindend gering wohl, ja gleich Null, dass es noch einmal passiert.
Selbst wenn man es wollte!

Wir konnten also beruhigt schlafen...
Natürlich hat es einige Zeit gedauert, bis sich die Aufregung legte.
Und die Unterhaltung währte noch lange...
Über Moose, über Bären, über die Wälder, die Wildnis, die Berge...
Über wenn und aber... Über das aufregende, gerade Erlebte.
So langsam sind wir aber doch müde geworden...
Tja... Dann also... Gute Nacht!

Träume unter freiem Himmel ... oder ... "Wer nicht kommt zur rechten Zeit!"
Ja, wieder einmal hat uns die Dunkelheit "überrascht"... Kaum erwehren kann
sich der Wanderer den immer neuen Ausblicken, Eindrücken und Entdeckungen
im Gebirge. Da wird jede Mahnung der "inneren Uhr" in den Wind geschlagen -
Und die äussere Uhr ist sowieso schon lange vergessen... Befindet man sich
bei Anbruch der Dämmerung in unübersichtlichem, tiefem Wald, ist es am
klügsten, an Ort und Stelle zu übernachten. Und so sieht es dann aus...

***D**ie Jagdwaffe.*

Über alles geliebt habe ich sie, meine Jagdbüchse, ich gebe es zu.
In Deutschland aufgewachsen und immer wieder, ja zum x-ten Male
die einschlägigen Bücher gelesen, wie konnte es auch anders sein...
Kaum in Kanada angekommen, hab' ich mir auch schon mein erstes Gewehr gekauft.
Es war ein Unterhebelrepetierer von Marlin, eine Westerngun. Danach kam eine Browning
derselben Machart, aber führiger - Eine schöne Waffe eigentlich, auch sehr gut verarbeitet.
Es folgten Doppelflinte, die kleine 22 er und noch ein Unterhebelrepetierer in anderem Kaliber.
Mein ganzer Stolz...!

Allerdings kann man nicht alle Waffen gleichzeitig mitnehmen, und der Zufall will es,
dass man gerade die "Falsche" dabei hat...
Das heisst, führt man die grosse Büchse, läuft einem doch der Hase über den Weg!
So hab' ich alle wieder verkauft und eine Bockbüchsflinte deutscher Herstellung erworben.
Sie war mein Shangri La der Jagdwaffen und ich habe sie heute noch.
Für alle Situationen war ich mit ihr gerüstet...

Es war eine Bockbüchsflinte der Firma Heym.
Der obere Lauf war ein Flintenlauf 16 Gauge, der untere ein Kugellauf Kaliber 7x57R.
Beide Läufe waren fest miteinander verlötet.
Sie hatte nur einen Abzug und man musste jeweils auf den oberen bzw. unteren Lauf umschalten.
Der Vorteil war, dass auch für den oberen Lauf der Stecher zur Verfügung stand.
Der Nachteil: In der Aufregung vergass man manchmal umzuschalten!
So ist es schon mal vorgekommen, dass ich auf den kleinen Hasen mit der grossen Kugel schoss...!
Na ja... Erlegt ist erlegt, ob mit grosser Kugel oder Schrot, im Bratofen sind sie alle gleich...
Also trotzdem Waidmannsheil!

Mit dem Flintenlauf hab' ich nie gern geschossen. Der Rückstoss war mir zu heftig und der Knall zu laut.
Jeder kann ihn meilenweit hören und als Jäger hat man lieber die Ruhe, die Stille -
Und man fühlt sich viel wohler im Unerkannten, im Verborgenen...
So kaufte ich einen kleinen Einstecklauf Kaliber 22 lfb..
Dieser war nur 20 Zentimeter lang, war leicht von Gewicht, wurde in den oberen Schrotlauf eingesetzt
und schoss sehr genau. Man kann diese Einsteckläufe jederzeit herausnehmen bzw. wieder einsetzen,
und die Schusslage bleibt immer gleich.

So war meine Bockbüchsflinte äusserst versatil und ich brauchte keine andere Waffe mehr.
Speziell die kleine 22 lfb. Patrone hat mir unsagbar viele und gute Dienste erwiesen.
Sie schiesst sehr genau, ist bis etwa 50 Meter äusserst effektiv,
erzeugt keinen Rückstoss, ist klein, leicht, und auch noch billig obendrein!
Ausserdem erzielt sie, aber das natürlich nur im Verhältnis zur Pulvermenge, die höchste Leistung
aller Patronen überhaupt - Und somit ist diese „Kleine" eigentlich die „Grösste" unter allen...

Sämtliches Kleinwild ist mit dieser Patrone zu erlegen und selbst Waschbär oder Stachelschwein
fallen ihr zum Opfer - Aus kurzer Entfernung natürlich, das sei angemerkt!
Einmal kam ein Fuchs über die Wiese geschnürt. Es war ein wunderschöner Fuchs, fast schwarz, mit hellen,
silbernen Fellspitzen, also ein Silberfuchs. Mit lechzendem Maul hatte er's auf unsere Hühner abgesehen...
Es hilft nichts, man muss seine Tiere schützen in der Wildnis, sonst hat man keine mehr!

Auch für das gelegentliche Suppenhuhn kam die 22 er zum Einsatz...!
Man mag darüber lachen, aber ich konnte es nie über mich bringen unsere Hühner auf die eher übliche Weise zu schlachten.
Bei uns ist das Huhn in gewohnter Umgebung frei herumstolziert, hatte von Nichts eine Ahnung,
vor allem keine Todesahnung, und Pätsch, lag es und hat selbst den Knall wohl nicht mehr gehört...
Ich glaube, wenn es denn schon sein musste, so war diese Art des Schlachtens die beste und humanste.
Für das Huhn... Und für mich...

Ein anderes Mal hatten wir Probleme mit einem Habicht...
Viele Greifvögel ziehen im Herbst nach Süden, unter ihnen Habichte, Bussarde und andere, aber auch,
und das fällt mir hierzu gerade ein und ich möchte es erwähnen, die Golden Eagle bzw. Steinadler.
Eine deren Hauptflugrouten verläuft entlang der Rocky Mountains und es ist ein äusserst beeindruckendes Erlebnis,
wenn sich die Adler im Verlauf ihrer langen Reise an Stellen mit besonders starken thermischen Aufwinden sammeln.
Hier kann man mitunter hunderte dieser majestätischen Vögel beobachten, wie sie mit kreisendem Flug an Höhe gewinnen
und dann geradlinig, von Hangaufwinden weiter getragen, den Bergkämmen folgend nach Süden ziehen...

*D*och zurück zu unserem Habicht.
Die Kinder hielten junge Hühnchen, etwa 25 davon, in einem transportablen Drahtkäfig.
Er war cirka 2,50 x 1,20 Meter gross und 80 Zentimeter hoch.
So konnte man den Käfig versetzen und die Hühner hatten immer frisches Gras.
Oben war er abgedeckt mit dicht beieinander liegenden Planken.

Eines Morgens sass ein Hühnerhabicht drauf!
Es war Herbst und offensichtlich hat er auf seinem Zug nach Süden bei uns Rast eingelegt.
Es war der schönste Habicht, den ich je gesehen hatte.
Ein ausgewachsener Vogel mit den für ihn typischen braunen Querstreifen
auf weisser Brust und tiefblauem Rückengefieder.
Ein Amerikanischer Goshawk.
Nun gut, wir haben ihn verscheucht, aber er kam immer wieder...
Fast zwei Wochen lang ging es so, doch eines Morgens sah alles anders aus:
Wieder das gewohnte Bild, der Habicht war da, aber diesmal sass er nicht auf dem Käfig,
sondern er war drinnen...!
Ein schrecklicher Anblick bot sich:
Zwei Drittel der Hühnchen lagen bereits tot herum und überall flogen die Federn umher...
Am restlichen Drittel "arbeitete" er noch!
Er stapfte und hüpfte im Käfig herum und versuchte die restlichen,
in Todesangst wild umher flatternden Hühnchen zu greifen.
Da war nichts mehr zu überlegen.
Pätsch! Die kleine 22 er...
Es war schade um den Habicht...
Wir warteten bis zuletzt in der Hoffnung, er würde weiterziehen.
Doch zu verlockend schien ihm die leichte Beute.

Es war nur dieses eine mal, dass ich einen Habicht erschiessen musste.
Viele kamen vorbei und haben versucht, sich ein Huhn zu schlagen, oft mit Erfolg.
Wir haben's immer dabei belassen und den Vögeln sozusagen eine Wegzehrung mitgegeben...
Gewöhnlich sind sie dann auch nach ein paar Tagen weitergezogen.
Aber dieses eine mal leider nicht.

Wegzehrung für die lange Reise nach Süden... Der Junghabicht auf dem Bild war offensichtlich erfolgreich. Aber nicht immer ist die Jagd selbst dieser gewandten Jäger von Erfolg gekrönt. Vom Haus aus sahen wir, wie ein Habicht eines unserer freilaufenden Hühner ergriff und versuchte, mit ihm davon zu fliegen. Doch sofort liefen die Kinder mit lautem Geschrei auf ihn zu - Mit dem Ergebnis, dass der Habicht das Huhn wieder fallen liess! Es landete auf dem Boden, stand sofort auf und lief, offensichtlich unverletzt, laut gackernd in den Stall zurück...

*I*n eine ganz andere Kategorie hingegen fällt die Patrone 7x57R...
Es ist eine reine Hochwildpatrone und ungleich stärker als die 22 er, obwohl aber auch sie,
gemessen am weiten Feld der Hochwildpatronen, im unteren Stärkebereich angesiedelt ist.
Trotzdem ist die 7x57R äusserst effektiv und kann alles was ihre stärkeren Geschwister auch können,
nur eben auf etwas reduzierte Entfernung.
Sie bietet aber den Vorteil des geringeren Rückstosses, was vor allem bei leichteren Waffen von grossem Vorteil ist!
Sie schiesst genau und ist vor allem auch vollkommen unkompliziert wiederzuladen.

Das heisst, ich habe meine Patronen selbst geladen und es gab nichts beruhigenderes für mich...
Zuerst muss die schon einmal verschossene Hülse in einer Presse wieder auf die ursprüngliche
Grösse und Form zurückgesetzt werden. Dann wird ein neuer Zündsatz eingesetzt, was einfach geht.
Mit einem kleinen Setzgerät wird das Zündhütchen leicht eingepresst. Es gibt viele Hütchen verschiedener Hersteller
und man muss ausprobieren, welches am besten in der eigenen Waffe und der jeweils verwendeten Hülse funktioniert.
Man will ja keine Fehlzündung, wenn's drauf ankommt!

So, die Hülse ist geformt und das Zündhütchen gesetzt. Jetzt das Pulver...
Auch hier gibt es viele Pulver verschiedener Hersteller und Abbrenngeschwindigkeiten.
Verwendet wird heute ausschliesslich Nitropulver.
Für meine Waffen-Hülsen- und Kugelkombination brachte ein am langsamsten abbrennendes Magnumpulver
das beste Resultat - Aber das kann bei anderen vollkommen anders aussehen, also ausprobieren...

Entgegen weitverbreiteter Meinung explodiert das Pulver nicht, sondern es brennt nur.
Auch in der Waffe, bzw. der Patrone, brennt das Pulver ab. Dabei entwickeln sich Gase und mit
fortschreitendem Brand entwickeln sich mehr und mehr davon. Dadurch entsteht Druck,
der stärker und stärker wird und fast ins Unermessliche steigt...
Dadurch wird die Kugel gegen den Anfang des Laufs gepresst, hält aber eine Weile stand,
bis der Druck so gross wird, dass sich die Kugel in die Züge, die Laufrillen einpressen lässt,
deren Widerstand überwindet, mit Schussgeschwindigkeit durch den Lauf jagt
und diesen schliesslich verlässt.

Ich habe als Test einmal ein Pfund nicht mehr benötigten Pulvers
auf freier Wiese ausgeschüttet und angezündet.
Es gab eine etwa zwei Meter hohe Stichflamme, explodiert ist aber nichts.
Doch muss man nach dem Anzünden schnell zurückspringen, sonst bekommt man versengte Haare...!
Ich erwähne das nur, damit man nicht denkt, bei einem Unfall würde gleich das ganze Haus in die Luft fliegen...
Allerdings kann ein Brand entstehen und wie schnell ist das Haus abgebrannt.
Also wie immer, doch hier beim Umgang mit Pulver ganz besonders:
Höchste Vorsicht walten lassen!

Jetzt die Kugel...
Auch hiervon, man wird es schon ahnen, gibt es wieder alle möglichen in verschiedener Konstruktion,
Zusammensetzung und Gewicht. Leichte Projektile haben eine gestrecktere Flugbahn, schwere sind besser geeignet
für grösseres Wild. Manche pilzen beim Aufprall besser auf, andere pilzen ebenso auf, bleiben aber insgesamt kompakt
erhalten und splittern nicht (die Besseren). Es ist eine Wissenschaft für sich und was man eben auch glaubt...
Man muss viel ausprobieren, welche Kugel, mit welchem Pulver und mit welcher Pulvermenge
in der jeweiligen Waffe am besten schiesst...
Es kann Monate dauern bis man die optimale Ladung gefunden hat, aber mir hat es immer viel Spass gemacht.

Auch auf dem Schiessstand...
Zwei Tische waren da, zwei Bänke davor, in 100 Meter Entfernung ein Holzgestell für die Zielscheibe.
Dahinter war ein offener, übersichtlicher Steilhang als natürlicher Kugelfang. Oft hab' ich hier gesessen und meine
neuen Ladungen ausprobiert. Bei schönem, windstillem Wetter, inmitten der herrlichen Gebirgskulisse...
Vögel haben gesungen, es war ruhig, Frau und Kinder waren dabei und es war immer ein schöner Nachmittag.
Es gab auch eine lustige Begebenheit, und die möchte ich doch noch erzählen:

Ich war ja ein Greenhorn sozusagen...
Hab' alles Neue sogleich angefangen, ging sofort ans Werk, ohne erst viel darüber zu lesen.
So hab' ich mit meiner Bockbüchsflinte auf Zielscheibe geschossen, und ein Schuss nach dem anderen...
Bis plötzlich die Waffe angefangen hat, weit zu streuen! Was war passiert?
Tja... Bei der Bockbüchsflinte mit fest verlöteten Läufen treffen die ersten beiden hintereinander abgefeuerten Schüsse
präzise, der dritte aber liegt bereits höher. Will man mehr als zwei präzise Schüsse abgeben, muss man etwa acht Minuten
zwischen den jeweiligen Schüssen warten, damit sich die Temperatur der Läufe angleichen kann. In meinem Fall hatte sich
der untere Kugellauf durch die schnell hintereinander abgefeuerten Schüsse stark erhitzt und in Folge stark ausgedehnt,
der obere Flintenlauf jedoch nicht. Eine Verspannung trat auf, bis die Verlötung schliesslich riss.
Eine schöne Bescherung also...

Da half nur noch eins, ein Büchsenmacher musste her!
Ich hab' auch einen gefunden, allerdings über 1000 Kilometer entfernt, in Cranbrook. Kanada ist gross!
Es war ein Deutscher aus der Nähe von Mittenwald, ein sehr netter Mann, und er hat, wie nicht anders zu erwarten,
herzlich gelacht über meine Tat... Natürlich war es ein Leichtes für ihn, die beiden Läufe wieder fachgerecht zu verlöten,
hat er doch eigene Waffen, oft Luxuswaffen, in eigener Regie gefertigt.
Auch ein eigenes Verschlusssystem hat er entwickelt:
Es ist ein Blockverschluss, sehr kompakt und optimal geeignet zum Bau von kurzen und perfekt ausbalancierten Waffen.
Dieses System enthält keinerlei Schrauben oder ähnliches mehr, alle Teile sind auf hundertstel Millimeter
genau gefertigt und eingepasst, und gleiten somit verlässlich und exact ineinander.
Das Hagn System!
Und jetzt wissen Sie auch wie er heisst, der Martin...

𝓔in neuer Tag beginnt, ein neues Leben...
Schemenhaft und grau tauchen die Bäume wieder auf, erwacht aus tiefer, dunkler Nacht.
Schon singen die Vögel ihr morgendliches Konzert, und laut schallt ihr Gesang durch den Wald.
Die Sonne kehrt zurück.
Mit ihren Strahlen, ihren Pfeilen des Lichts, durchdringt sie die Düsternis und hellt sie auf. Millionen kleiner Wassertropfen,
kühler Tau der Nacht, werden durchleuchtet und schillern jetzt in gleissendem, weissem Licht und in hellen, bunten Farben.
Wie glitzernde Spinnengewebe vor dunklem Grün.
Die Kobolde der Nacht müssen weichen, vorbei ist ihr Schattenspiel...
Die Sonne steigt höher und höher und bald ist jeder auch noch so dunkle Winkel von ihrer Helligkeit durchdrungen.
Auch bei uns weicht der Schlaf, weiter und weiter entfernen sich die Träume der Nacht und verschwinden schliesslich
in ferne Vergangenheit... Die Zeltklappe öffnen und schlaftrunken hinausschauen:
Aha...! Wieder ein neuer, ein herrlicher Tag und die Sonne lacht uns an mit ihren strahlenden Augen!

Ach, am frühen Morgen haben wir's nie eilig...
Der Tag ist lang und niemand sagt uns was zu tun ist. Wir müssen nicht auf den Berg hinauf und auch nicht hinunter...
Und wenn wir den ganzen Tag hier verbringen...? Was soll's? Auch das ... Wie's beliebt!
Erstmal eine Tasse Kaffee!
Dann werden die Gedanken schon klarer...
Immer hab' ich eine Dose mit Petroleumgelee dabei, es könnte ja regnen und somit ein Campfeuer unmöglich machen.
Selbst im Zelt jedoch kann man den Gelee in der Dose anzünden, die Blechtasse mit Kaffeepulver und Wasser darüberhalten:
Und der köstlichste Kaffee der Welt ist fertig!
Wir noch im warmen Schlafsack, die Sonne lacht uns ins Gesicht, eine Tasse heissen Kaffee...
So fängt der Tag immer gut an!

Ein paar Stunden dauert es schon bis das Zelt in Ruhe wieder abgebaut, die Utensilien in den Rucksäcken verstaut
und verpackt sind, der Lagerplatz aufgeräumt ist. Wir wollen ihn ja verlassen wie wir ihn vorgefunden haben.
Noch mal einen Blick zurückwerfen ob auch nichts vergessen wurde,
und wir sind wieder auf dem Weg, dem kleinen Quellwasser folgend.

Jetzt geht es steil aufwärts, sehr steil...
Ein tiefer, geradewegs nach oben führender Einschnitt liegt vor uns, erscheint wie ein verborgener Schatz im weiten Berghang,
so beeindruckend sind die Urwaldriesen in diesem Tälchen. Das Quellwasser ist nur noch ein Rinnsal, mal offen über
nackte Felsen rinnend, mal unterirdisch unter tiefem Nadelbett in gedämpften Tönen kullernd und murmelnd...
Keinerlei Vegetation kann mehr existieren, der Boden mitunter nackte Erde, doch meist mit dicken Lagen
aus Tannennadeln bedeckt. Nackt und astlos auch die Stämme der riesigen, meterdicken Fichten...
Dicht an dicht stehen sie, oft nur ein paar Schritte voneinander entfernt -
Und kein Sonnenstrahl kann ihr Kronendach durchdringen.
Die Wirkung dieser Urwaldriesen, vor allem aber der massiven Stämme direkt vor uns ist so gewaltig,
dass wir uns wie Zwerge vorkommen, wie verloren...

Fast unheimlich ist es in dieser Stille, wo jeder Laut der Aussenwelt
abgeschirmt wird durch den Dom der Kronen und die mächtigen Stämme selbst.
Doch nicht lange währt das anfängliche Gefühl... Schnell weicht es einem solchen der Ehrfurcht...
Einer tiefen Ehrfurcht vor dieser Schöpfung... Und Sicherheit! Wir scheinen ja willkommen zu sein...!?!
Zwei einsame Wanderer, zwei seltene Besucher im jahrhundertealten Reich der Riesen...

Immer wieder findet man solche Schätze der Natur verborgen in den Weiten der Berghänge.
Kleinode wie dieses Quelltälchen mit seinem unberührten Urwald...
Man kann sie von den Strassen aus nicht sehen, zu weitläufig sind die Hänge -
Ausserdem sieht man ja nur die Wipfel der Bäume, und die sehen oben alle gleich aus.
In den Einschnitten und kleinen Schluchten stehen die Baumriesen windgeschützt, auf nährreichem Boden
und mit Feuchtigkeit gut versorgt... Selbst Waldbrände konnten ihnen deshalb nichts anhaben,
obwohl solche im Lauf der Jahrhunderte sicherlich über sie hinweggerast sind.
Um die Wunder der Berge zu sehen muss man nicht immer auf die Gipfel, so verlockend sie auch sein mögen...!

Wie im Leben ja auch.
Der längste und meist auch schönste Teil des Lebens spielt sich doch auf den "Hängen" ab...
Manche wollen immer den Gipfel erklimmen, und glauben, wenn sie's erst geschafft haben,
oder erst dies oder jenes erreicht haben, dann...
Und wenn sie den Gipfel doch einmal erklommen haben? Dann wird die Luft dünn da oben!
Nicht viel Platz gibt es da und sie sind alleine... Einsam ist es...!
Andere rücken nach... Wollen auch dahin... Und einer muss wohl weichen...!?
Tja... Ist man erst auf dem Gipfel angelangt...
Dann kann es wohl nur noch bergab gehen...!

Andere verbringen ihr ganzes Leben auf den „Hängen"...
Der Gipfel schwebt ihnen zwar vor... Aber es muss ja nicht sein...! An den Hängen des Lebens gibt es auch viel zu entdecken,
sich an vielem zu erfreuen... Genauso wie in den Berghängen, so sind auch dort viele Schätze verborgen!
Es ist viel Platz da, und hat's der eine, na dann suchen wir woanders... Und finden auch!
Und sind auch nicht alleine, wenn wir's nicht wollen...

Wieder andere bevorzugen wohl das Tal...
Das ist eine sichere Sache!
Herunterfallen kann man nicht... Aber hinaufschauen kann man doch...!
Und träumen...

Es ist nicht wichtig, was andere tun.
Jeder muss für sich selbst seinen eigenen Platz, seinen eigenen Weg im Leben finden...
Nur darauf kommt's an!

Blick auf Mount Marion, Kootenays.
Der alte Waldbrand im Vordergrund erstreckt sich kilometerweit den Hang entlang und bis hinunter ins Tal.
Auf der Höhe mögen die verbrannten und verkohlten Tannen noch relativ dünn sein, doch das ändert sich in den tieferen Lagen.
Dort sind es meterdicke Cottonwoodriesen, die kahl und bleich noch immer aufrecht stehen -
Zum Schrecken eines jeden hier vom Gewittersturm überraschten Bergwanderers...!

*E*in alter Waldbrand.
Wiederholt haben die Indianer in früheren Zeiten die Wälder angezündet, um offene Stellen zu schaffen
und den Wuchs von Blaubeeren bzw. Hucklberrys zu fördern. Mitunter findet man noch die alten Holzgestelle,
worauf sie die Beeren trockneten. Jetzt ist diese alte Brandfläche jedoch wieder aufgewachsen und ein
Durchkommen fast unmöglich. Kreuz und quer liegen die toten, halb verkohlten Baumleichen.
Dazwischen Büsche und hohes Gras sowie junge Bäume dicht an dicht.
Jeder Schritt ist ein Schritt ins Ungewisse, wird zum Wagnis...
Mal findet man festen Boden unter den Füssen, doch dann wiederum sinkt man abrupt ein,
verliert das Gleichgewicht, stolpert, fällt... Das schwere Gepäck auf dem Rücken tut ein Übriges.
Kurz: Hier ist es am Besten herauszubleiben!

Manchmal wird man von einem Gefühl der Unsicherheit, des Unbehagens überkommen...
So als ob die Haare zu Berge stehen... "Hier stimmt etwas nicht!"
Man weiss zwar nicht was es ist, denn alles sieht ja ganz normal und gut aus.
Trotzdem soll man diesem Gefühl der Warnung folgen!
Es ist der Instinkt und der eigene Schutzengel steht schon mit erhobenem Zeigefinger hinter dem kleinen Wanderer im
riesigen Weltengefüge... Wir können unseren Schutzengel nicht sehen, im Reich der Geister wohnt er ja, ein guter Geist.
Da unsichtbar, kann er nur über seine unmittelbare Präsenz auf uns einwirken, zur Vorsicht mahnen, warnen...
Es ist wie bei Frauen manchmal, wenn sie uns etwas mitteilen wollen.
Sie möchten es nicht direkt aussprechen, versuchen es mit Andeutungen, mit vorsichtigen, entfernten Hinweisen,
oder selbst mit Gesten nur... Ein verhaltenes, starres Lachen zu ernster Sache, mit umher wandernden Blicken
oder schliesslich auch mit tiefem, eindringlichem und vielsagendem Blick in die Augen...
„Er wird es schon verstehen... Versteht er es? Jetzt muss er's doch verstehen...!"
Ist man sensibel genug und versucht seine Aufmerksamkeit von der Verständniswelt
auf die Gefühlswelt zu lenken, dann begreift man schon...

Vor uns der mühsame Weg durch das Dickicht des Waldbrandes...
Links ein U-förmiger Graben mit Gras und vereinzelten Büschen bewachsen - Das Gras teilweise umliegend,
teilweise noch aufrecht stehend. Nicht sehr breit ist dieser Graben, etwa 20 bis 30 Meter, ein Lawinenstrich, von der
oberen Felsregion kommend, und nach unten steiler und steiler abfallend - Man kann das Ende nicht mehr sehen...
Immer wieder im Lauf der Jahrtausende haben die zu Tal stürzenden Lawinen die Erdkrume bis auf das
blanke Gestein abgehobelt, Felsplatten freigelegt und blank geschliffen. In den Ritzen und Furchen
finden Gräser mit ihren flachen Wurzeln noch Halt, doch für Bäume reicht es nicht mehr.
Der felsige Untergrund verhindert das Versickern des Quellwassers,
welches ab und zu in den Gräben und entlang derselben zu Tage tritt.
Das Wasser rinnt über die Felsplatten hinweg, nährt den Wuchs von mikroskopischen Pflanzen, hält
halbverfaulte Vegetation nass und feucht und überzieht die Platten mit einem extrem rutschigen,
glitschigen Belag - Zu allem Übel auch noch unsichtbar, da überdeckt von
darnieder liegenden langen Gräsern, von Blättern und dergleichen...
Eine teuflische Situation und in höchstem Grade gefährlich!

*a*uf der anderen Seite des Grabens hingegen, auf der Höhe der Böschung,
steht verlockend ein sich bis in die Alpine fortsetzender Hochwald aus Balsamtannen.
Kein Unterwuchs versperrt dort den Weg und leicht ist's da zu gehen.

Doch nicht nur die guten Geister und Schutzengel der Welt wohnen hier...
Nein, auch finstere Dämonen geistern durch die Gebirge, bis in die höchsten Höhen,
haben ihre Fallen ausgelegt und warten auf ihre Opfer.
Schon recken sie ihre hässlichen Gesichter in die Höhe,
aufgeweckt durch den Anblick des unvorsichtigen, ungeduldigen Wanderers...
Ein lauernder Ausdruck erscheint auf ihrem Antlitz und ein gespanntes Hoffen auf den ersten Schritt...

Am Anfang geht noch alles gut.
Doch dann fühlt man schon die ersten glatten Stellen unter dem Tritt.
Vorsichtig vortasten mit den Füssen, trockene Stellen finden...
Noch ein paar Schritte weiter.
Steil ist die Rinne, schon befindet man sich in der Mitte und umkehren ist nicht mehr möglich.
Nichts ausser Gras ist zum Festhalten vorhanden,
und die Geräusche des leise und stetig rinnenden Wassers beginnen unheimlich zu werden...
Jetzt stellt sich höchste Vorsicht und Wachsamkeit ein - Ein bisschen spät wohl...!
Ungute Ahnungen kommen auf, erste Zweifel... Was tun? Erste Gefühle der Angst...
Es gibt kein Zurück, kein Auf, kein Ab!
Umkehren ist nicht mehr möglich, erscheint noch gefährlicher als stehenbleiben oder weitergehen.
Das schwere Gepäck auf dem Rücken, überall glitschiger Untergrund, der steile Hang...
Langsam fangen die Knie an zu zittern.
Fast teuflisch hört sich jetzt das leise Gluckern des rinnenden Wassers an.
Wie festgefroren steht man da, wagt nicht sich zu bewegen, sucht nach einem Ausweg... aber wohin?
Es gibt keine Wahl:
Vorwärts... Weiter...

Und die Gesichter der Dämonen, der Monster der Berge, verändern sich...
Ein vorsichtiges Grinsen, ja Lachen, bösartig und schadenfroh, erleuchtet ihre Fratzen.
Verhaltenes kichern zuerst, doch dann bereits unverhohlene, boshafte Freude.
Ein neues Opfer!
Und lauernd warten sie der Dinge die da kommen...

Hart schlägt das Gestell des Rucksacks auf dem Fels auf.
Mit metallischem Klang und hellem Klingeln der Aluminiumpins.
Blechtasse und Pfanne scheppern und das Corduragewebe kratzt und schabt über die Steine hinweg.
Wie bei einer Schlittenfahrt geht es abwärts...
Der Hang neigt sich, wird steiler und steiler, schneller und schneller wird die Fahrt
und rasend geht es jetzt rutschend und schlingernd hinab...

Noch funktioniert das Denken:
Abstützen... Festhalten... Nach Gräsern und Büschen greifen...
Noch reagiere ich, als ob die Situation zu meistern wäre, der Absturz zu verhindern ist.
Gegriffene lange Gräser gleiten glühendheiss durch die Hand, andere reissen einfach ab.
Am ganzen Körper spüre ich die Schläge der Steine. Doch keine Schmerzen...
Nur blitzschnelle Bewegungen, Versuche, die höllische Abwärtsfahrt zu bremsen, abzuwenden.
Plötzlich, für ein, zwei Sekunden nichts, kein Bodenkontakt mehr... Freier Fall!
Nackte Angst... Panik... Aufprall...
Der Rucksack zerreisst und der Inhalt fliegt um mich herum.
Harte Schläge... Krachen... Dröhnen... Schmerzen...
Es gibt kein bewusstes Handeln mehr, nur noch wildes, unkontrolliertes um mich greifen, nach Halt suchen...
Gedankenblitze... Hilflosigkeit... "Warum? Warum ich? Was hab' ich denn getan...?"
Taumelnder Fall... Laute Schreie, unwillkürlich, unkontrolliert... Hilfeschreie...
Hilfe! Hilfe! Hilfe...!
Mit aller Kraft und letzter Macht...
Alles dreht sich, wirbelt um mich herum... Blauer Himmel, weisse Wolken, grüner Wald, grauer Fels...
Doch alle Schreie sind vergebens.
Ein furchtbarer Aufschlag... Aufgeben... Teilnahmslosigkeit... Dunkelheit...
Das Ende.

Die Stille der Berge kehrt wieder ein.
Nichts Besonderes ist ja passiert!
Ob der Absturz einer Ziege mit zurück gelassenen Jungen...
Oder diesmal ein Mensch mit zurück gelassener Frau und Kindern...
Für die Berge macht es keinen Unterschied, ist es fast alltäglich.
Selbst der helle, boshafte Jubel der Dämonen währt nicht lange.
Und schon bald fallen sie wieder zurück in ihren langen, geduldigen Schlaf...

$\mathcal{F}$eeling Blue...
Melancholie und Einsamkeit
in den West Skeena Bergen...
Hier im Norden Britisch Columbia's
erscheinen die Farben meist intensiver
als im Süden der Provinz. Das Foto
zeigt den Ausblick vom Goat Mountain
nach Westen, weit über die in tiefes Blau
getauchten Waldberge um Insect Creek,
bis hin zu den vergletscherten
Gebirgen um Kitimat.

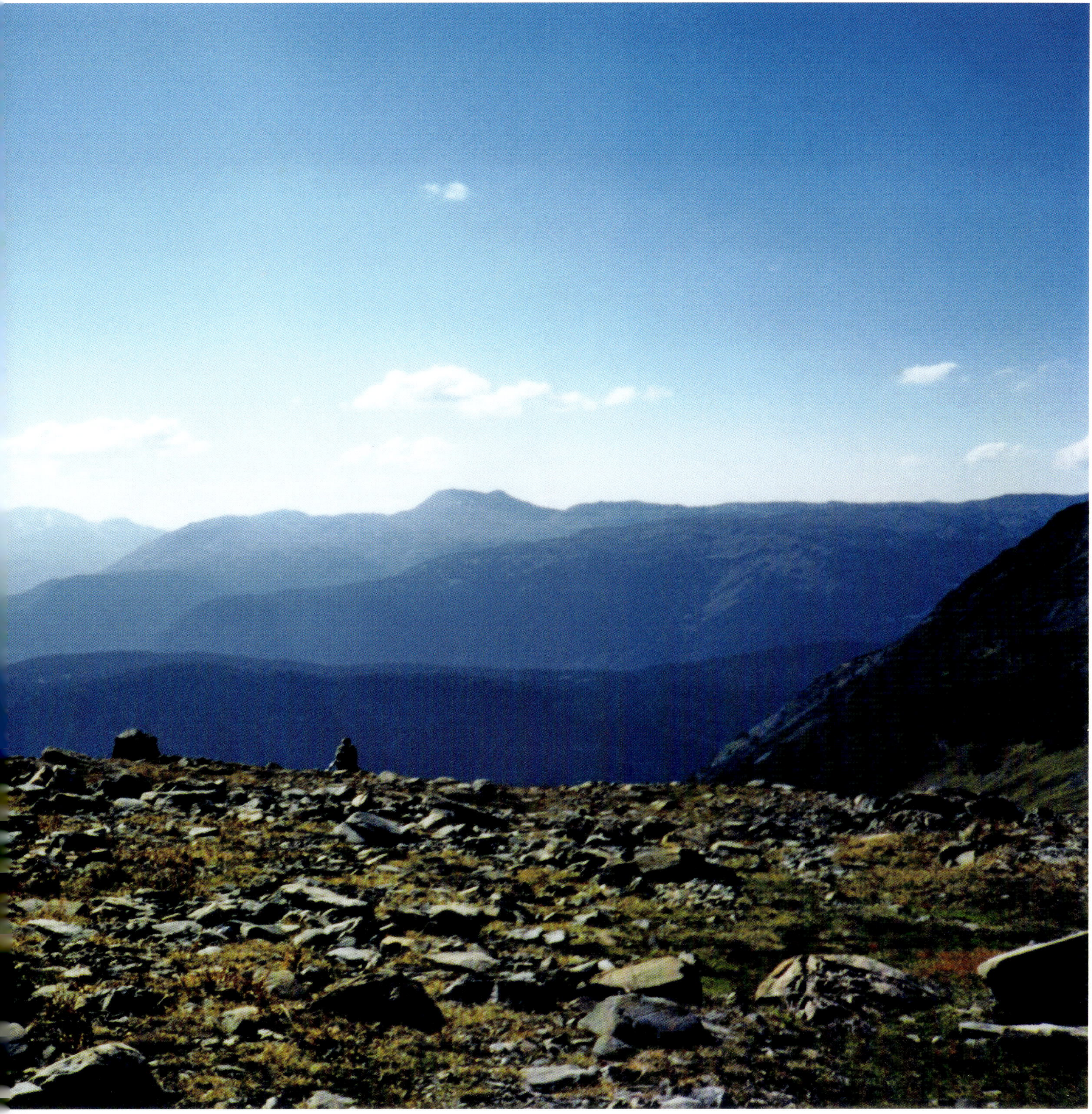

𝓔s blieb nichts anderes übrig als uns durch das Dickicht des alten Brandes hindurch zu kämpfen...
Ein paar hundert Meter waren es und ein paar Stunden hat es gedauert.
Und wie immer in solchen Situationen ging es auch hier nicht ab ohne
"Autsch" ... "Oh mein Gott" ... "Womit hab' ich das verdient, was hab' ich denn getan" ...?!
Vor allem die Ohrfeigen der immer wieder ins Gesicht schnellenden Weidenruten sind besonders lästig.
Und hier, wo wir sicher sind, da tut's auch weh, da spürt man den Schmerz!

Vielleicht bin ich übervorsichtig?
Es kann sein, doch ist mir deshalb wohl auch nie etwas ernsthaftes passiert...
War die Unternehmung nicht 100 % ig sicher, oder ist mir zumindest nicht 100 % ig sicher erschienen,
dann hab' ich's gelassen.
Und mit dieser Einstellung bin ich immer gut gefahren.

Weiter oben hat sich das Gelände etwas abgeflacht und die Lawinenrinne war sicher zu überqueren.
Ein regelrechter Spaziergang dann durch den trockenen, von jeglichem Unterwuchs freien Hochwald.
Das gibt es auch. Manchmal...
Allerdings, und ich weiss nicht warum, gerät man doch immer wieder in Buschgelände,
durch welches man hindurch muss.
Vielleicht, weil es ohne das Meistern von Problemen kein Erfolgserlebnis gibt...?

Nach ein paar weiteren Stunden des Aufstiegs haben wir die Alpine Region erreicht.
Herrliche Blumenwiesen, durchsetzt mit kleinen Tannen und leicht zu umgehenden Felsquadern
werden durchwandert, und weiter dann auf schmalen, parallel zum Hang verlaufenden Absätzen.
Die Sonne schien, es war warm.
Weit schweifte der Blick über das tief unter uns liegende Skeena Valley nach Westen.
Immens war das Farbenspiel der Natur an diesem Nachmittag:
Silber glänzend wand sich der Fluss durch das breite Tal, ein paar Häuser entlang der Strasse,
wie Spielzeughäuser sahen sie aus von hier oben.
Die niedrigeren, gänzlich bewaldeten Höhenzüge waren in tiefes, dunkles Blau getaucht,
und ganz oben auf ihren flachen, breiten Rücken glitzerten kleine Seen im Sonnenlicht.
Der Himmel strahlte in hellem Blau
und die schon tief stehende Sonne war ein grosser, gelborangefarbener Ball.
Und dahinter, am fernen Horizont, zwischen Himmel und Erde,
die Silhouette der weissen Schneegipfel der Küstengebirge.
Es konnte nicht schöner sein...

Unser Tagesziel war ein zwischen zwei Gipfeln gelegener Sattel,
hoch über den Quellwassern des Sedan Creeks.
Es war fast dunkel als wir ankamen und sofort haben wir nach Bob's Camp gesucht.
Na, diese Suche war wohl vergeblich!
Dazu muss ich erwähnen, dass Bob Perry, unser Nachbar, uns wissen liess,
dass dort oben auf dem Sattel sein Camp sei.
In der Not und schon im Dunkeln freuten wir uns auf dieses Camp,
hatten wir doch so etwas wie eine Notunterkunft, eine kleine Hütte, im Sinn.
Oder richtiger gesagt, im Traum, denn als solchen stellte es sich heraus...
Schnell wurde also das Zelt aufgeschlagen und sofort ging's in die Schlafsäcke.
Bis morgen früh also...

Schon am Morgen war der Himmel mit hoher, grauer Cirrenbewölkung zugezogen.
Das Wetter sah nicht gut aus und wir beschlossen, den Tag an Ort und Stelle zu verbringen,
auszuruhen, und weiter nach Bob's Camp zu suchen.

Um es kurz zu machen, wir fanden es auch:
Es war ein grosser, schwerer Müllsack, halb gefüllt allerdings nicht mit Müll,
sondern mit leckeren Lebensmitteldosen...!
Einige davon waren deformiert, wohl verbissen von einem Bär oder der Wolverine.
Ich gebe es zu, wir konnten nicht wiederstehen und haben ein paar der Dosen
über dem Campfeuer erhitzt und uns gütlich daran getan...
Nach der regulären Kost von Milchpulver und Chapatis ein königliches Vergnügen!
Eine Delikatesse!
Bohnen und Gulasch aus der Dose... Aber vorzüglich! Danke Bob!
Ich habe es Bob nie erzählt, doch leider weilt er nicht mehr unter uns, so kann ich's jetzt ja sagen.
Again, thanks a lot, Bob, wherever you may be now...!

Unser Camp am Haystack Mountain. Obwohl man diesen Berg über die Südostflanke relativ leicht besteigen kann, ist trotzdem höchste Vorsicht geboten. Nach beiden Seiten geht es steil bergab, und zusätzlich bestehen die Hänge aus lockerem Gestein, das heisst, bei jedem Tritt kann der Boden unter den Füssen wegrutschen - Bis hin zur Geröllawine. Trotzdem war dieser Berg aufgrund seiner relativ leichten Begehbarkeit schon bei den Indianern für die Ziegenjagd beliebt. Sie trafen allerdings Vorsichtsmassnahmen gegen mögliches Verirren bei schlechtem Wetter, wie dichten Wolkennebeln etc.. So kann man noch Heute kleine aufgesetzte Steintürmchen finden, die offensichtlich als Markierung dienten...

*H*ier in den nördlichen Küstengebirgen sind Gewitter eigentlich eher selten...
Zu stark ist die Atmosphäre beeinflusst von den horizontalen Luftströmungen des Pazifik.
Die intensive Sonneneinstrahlung fehlt, und starke, von der Sonne aufgeheizte
und bis in die Stratosphäre reichende Thermik entwickelt sich kaum.
Genau diese ist es jedoch, welche die schwersten Gewitter verursacht.
Allerdings gibt es Ausnahmen, wie ja überall, und so traf es sich, dass von den vier oder fünf
wirklich schweren Gewittern, die ich erleben durfte, immerhin zwei davon sich hier im Norden zutrugen.
Ein wahres Höllenspektakel war es, denn auf den Gipfeln der Berge ist man ja mitten drin
in den Wolken, mitten im Zentrum der entfesselten Urgewalt.

Nachts hatte es kaum abgekühlt, was selten ist im Hochgebirge,
und am darauffolgenden Morgen bereits war es diesig und schwülwarm.
Die Sonne ging auf als grosser, gelborangener Ball und der Himmel war ein milchiges, helles Blau.
Wir beschlossen, an Ort und Stelle zu bleiben und der Dinge zu harren, die,
wie zu befürchten war, da kommen sollten...
Zumindest waren wir hier relativ sicher.
Das Zelt war gut verankert in der durchwurzelten Erde, stand geschützt inmitten einer Ansammlung
niedriger, vielleicht ein bis zwei Meter hoher, sturmerprobter Fichten, und die Lage auf dem Gebirgssattel,
also in einer Mulde zwischen hohen Gipfeln, schien im weiten Umfeld die sicherste zu sein.
Am frühen Nachmittag kamen erste Wolken heraufgezogen, aber nicht scharf umrissen, wie sie sonst
am Sommerhimmel stehen, sondern es waren eher Nebelfetzen mit ausgefransten Rändern.
Dichter und dichter wurden sie, und bald waren wir vollkommen eingehüllt,
umgeben von einer warmen, feuchten Nebelsuppe.
So drückend und schwül war es, dass jegliche Anstrengung,
ja jede Bewegung schon zu Schweissausbrüchen führte...

Am Spätnachmittag dann war erster, jedoch noch weit entfernter Donner zu vernehmen.
Es war fast windstill und nur ab und zu ein leichter Lufthauch zu verspüren.
Lauter und lauter und in immer kürzeren Abständen erfolgte das Grollen des Donners,
verstärkt noch durch das von Felswänden zurückgeworfene Echo.
Die Blitze mit ihren Millionen von Volt erhitzen die Luft.
Sie dehnt sich aus, erzeugt ein Vakuum, kühlt wieder ab und fällt in sich zusammen.
Die zusammenfallende Luft kollidiert mit sich selbst und erzeugt so die krachenden Schläge,
oder in weiter Entfernung, den rollenden Donner.
Der Lärm des heraufziehenden Gewitters liess jetzt nicht mehr nach, ertönte schon unablässig,
immer wieder angefacht von lauten, krachenden Schlägen.
Erste Regentropfen fielen.
Nichts wie ins Zelt!

**U**nd es war keine Minute zu früh.
Denn jetzt brach das Gewitter mit voller Gewalt über uns herein.
Regengüsse prasselten nieder, Windböen kamen auf, wuchsen zu Sturm-, ja Orkanstärke an.
In rasendem Stakkato flatterte die Zeltplane, schemenhaft erhellt von unablässig aufflammenden Blitzen,
begleitet von ohrenbetäubendem Krachen und rollendem Donner...
Rings um uns schlugen sie ein, die Blitze, aus den Wolken züngelnd, und wie ein riesiger Oktopus
mit Armen aus hunderttausendfacher Energie und Feuer über den Boden schnellend.
Der Sturm toste und fauchte.
Tausende kleiner Gewitterhexen griffen nach unserem Zelt, zurrten und zerrten daran...
Wie Blätter wurden sie hochgewirbelt, kehrten zurück und versuchten erneut,
das Zelt und alles was dazu gehörte, loszureissen und den Abgrund hinunter zu wehen...
Da kann man nur noch beten!
Und sich im Zelt auf die Fussspitzen niederkauern.
So soll sich dem am Boden entlangfahrenden Blitz die geringste Angriffsfläche bieten.
Zumindest hatte ich diesen Ratschlag einmal im Radio gehört...

Aber unser Zelt hat standgehalten, dem peitschenden Regen, den Orkanböen...
Und auch vom Blitz wurden wir nicht erschlagen.
Es ist ja unwahrscheinlich, dass, gemessen an der riesigen Weite des Gebirges,
gerade unser kleines Zelt getroffen wird...!
Nüchtern betrachtet sind doch selbst die schwersten Gewitter in den Bergen
nicht gefährlicher als der alltägliche Strassenverkehr auch...
Entsprechende Vorsicht und Verhaltensweise natürlich vorausgesetzt!
So sehe ich es jedenfalls.
Für mich ist jedes Gewitter immer ein höchst interessantes Naturschauspiel
und meist sogar ein Heidenspass.
Die Momente des Bangens und Betens mal ausgenommen...

Es ist unablässig, der eigenen Sicherheit höchste Aufmerksamkeit zu schenken,
und deshalb ein paar Anmerkungen zur Wahl des Lagerplatzes:
Im Hochgebirge immer auf mögliche herabfallende Objekte achten!
Nie unter steilen Felshängen campen... Steinschlag!
Tiere können Steine lostreten...
Wind und Wetter, Blitzschlag, Sturm, Regen, Feuchtigkeit, oder selbst
die ganz normalen Temperaturunterschiede zwischen Tag und Nacht
verursachen Erosion und lockern das Gestein.
Und es bedarf ja nur eines kleinen herabfallenden Steines, um
Verletzungen, möglicherweise schwerster Art, hervorzurufen...
Das kann man sich, alleine in weiter Wildnis, nicht leisten!

Vorsicht in alten Waldbrandgebieten!
Ich wurde einmal in einem solchen von plötzlich aufkommendem Gewitter überrascht...
Innerhalb von zehn oder zwanzig Minuten bildeten sich Wolken
und brodelten schwarz und drohend über den Gipfeln auf.
Es blieb nur noch Zeit, unter ein paar Büschen Schutz zu suchen, mich dort niederzukauern,
die leichte und immer mitgeführte Plane über mich zu ziehen und das Gewitter abzuwarten.
Das ist eigentlich nicht gefährlich, es war nicht steil, war trocken, also keine Sturzbäche in der Nähe,
und das Brandgebiet befand sich am unteren, normalerweise windgeschützten Teil eines Hochtales.
Deshalb standen wohl noch immer, und das vermutlich schon seit Jahrzehnten, riesige Bäume vereinzelt umher.
Gigantische Baumleichen waren es, schneeweiss gebleicht von Sonne, Wind und Wetter,
übriggebliebene Relikte eines vergangenen Urwaldes - Jetzt ragten sie wie hilflos in den Himmel.
Doch es waren diese, welche unwillkürlich und in höchstem Bangen zum Gebet veranlassten...!
Das Gewitter schien sich in diesem Hochtal zu konzentrieren, entwickelte schwerste Böen,
und diese bliesen die alten Baumriesen wie Streichhölzer einfach um...
Ihr Krachen übertönte selbst den Donner des Gewitters, als sie rings um mich her,
gefällt von der gigantischen Hand des Sturmes, am Boden aufschlugen und zersplitterten!
Wie leicht kann man da erschlagen werden!

Gelingt es hingegen, den Hochwald zu erreichen und dort Schutz zu suchen,
ist es auch weise, den Baum der Zuflucht vorher zu inspizieren.
Mitunter sind die Kronen der Urwaldriesen schon abgestorben oder sind durchsetzt
mit zwar mächtigen, aber bereits dürren, teilweise sogar halbverrotteten Ästen.
Speziell bei alten Balsam- und Hemlocktannen ist höchste Vorsicht geboten!
Es kommt nicht selten vor, dass deren Stämme auf halber Höhe
oder sogar an mehreren Stellen durch und durch verrottet sind.
Die Bäume stehen noch da, weil gestützt im Verbund des Waldes, doch aussergewöhnlich
starker Sturm bzw. hoher Schneedruck im Winter können sie einfach abbrechen.
Tote Äste und Holzsplitter regnen dann auf einen herab...
So kann selbst der Ort der Zuflucht zur tödlichen Falle werden!

Eher fragwürdig ist auch das Campen auf Kiesbänken am Fluss oder auf alten Forststrassen.
Plötzliche Hochwasser können zu einem bösen Erwachen führen...
Vor allem aber ziehen Wildtiere gerne am Wasser entlang... Bären!
Sie sind hier auf der Suche nach Essbarem.
Auf den Forststrassen schätzen wir Menschen das bequeme Laufen -
Die Tiere, sprich Bären, tun das auch!
Also besser das Lager etwas abseits aufschlagen, da ist man sicher.
Und mitunter kann man sogar das Wild die Strasse oder
den Fluss entlang ziehen sehen und beobachten...

*M*anchmal muss man reissende und dementsprechend gefährliche Wildwasser überqueren,
um weiter zu kommen.
Das war immer eine heikle Angelegenheit für mich, bin ich doch nicht schwindelfrei.
Es geht nur über querliegende Bäume, oder man muss eben auch mal einen Baum fällen,
als Brücke sozusagen...
Wie gesagt, mir ist es nicht gegeben, einfach leichtfüssig und geschwind
über einen Baum hinwegzuturnen als ob es das Normalste auf der Welt wäre.
Tosen doch nur ein paar Meter unterhalb die Wasser mit einem Höllenlärm zu Tal...
Ein Ausrutscher nur, man fällt, und es gibt kein Entrinnen aus diesen Fluten!
In Sekundenschnelle wird man mitgerissen, mit schier unbegreiflicher Gewalt gegen Felsen gehämmert,
Unterwasser gedrückt... Kurz: Ein Taumel des Todes!
Befand ich mich vor solch einer Baumbrücke, standen mir immer die Haare zu Berge.
Was tun? Ich musste hinüber...

Nun, manche mögen darüber lachen, aber für mich ging die Sicherheit immer vor:
Zuerst der Balance wegen den Rucksack abnehmen, diesen dann vor mir auf dem Baum platzieren,
mich selbst rittlings auf den Baum setzen und mit den Beinen festklammern.
Mit der immer mitgeführten kleinen Axt in Ruhe eventuelle sich im Wege befindliche Äste entfernen
und Stück für Stück weiterrutschen...
Erst der Rucksack ... Dann ich ... Und so fort ...

Es hat wunderbar geklappt!
Langsam ... Vorsichtig ... Geduldig ... Zeit nehmen!
Und nicht vergessen, die Ohren zuzustopfen...
Ein Grossteil der Angst kommt von dem Höllenlärm des stürzenden Wassers.
Hört man diesen nicht mehr, fühlt man sich schon sicherer... Viel sicherer!
So sicher, dass ich über der Mitte des Wildwassers auf dem Baum gewippt habe,
bis meine Füsse das reissende Wasser berührten...
Aber wie gesagt, manche haben dieses Problem nicht,
sind absolut schwindelfrei und mögen darüber lachen.
Doch für mich hat es so funktioniert und ich habe immer mein Ziel erreicht!
Darauf kommt's an!

Wir Menschen sind ja nicht so gut ausgestattet zum Überleben in der Natur...
Wir haben kein feines Gehör wie die Hirsche, sind nicht leichtfüssig wie sie, haben kein Fell oder Gefieder
welches uns immer trocken und warm hält, unser Geruchssinn ist verkümmert -
Wir sehen zwar einigermassen gut, doch bei der Nahrung geht's auch wieder nicht ohne Zubereitung...
Kurz: Unsere hauptsächliche, vielleicht sogar einzige Waffe in der Natur ist:
Der Verstand!

Noch einmal die Seven Sisters...
Ja, man wird nicht müde, dieses imposante Massiv zu fotografieren, obwohl ich speziell für dieses Bild um ein wenig Nachsicht Ihrerseits bitten möchte. Die Qualität des Fotos ist nicht ganz so wie ich es mir wünschen würde. Alle Aufnahmen in meinem Buch wurden ja für den "Privatgebrauch" gemacht, und man kann sich kaum vorstellen, welch' Mühe und Arbeit es bedarf, die Qualität der Bilder zu verbessern und vor allem diese entsprechend zu vergrössern! Allerdings war das Foto für diese Seite vorgesehen und ich möchte es auch dabei belassen. Doch wie gesagt, bitte entschuldigen Sie die etwas mangelhafte Qualität der Aufnahme...?
Aber zurück zu den Seven Sisters. So imposant und beeindruckend dieses Massiv auch sein mag, für"herkömmliche" Bergwanderer sind die gegenüberliegenden Berge weitaus besser geeignet! Man kann jedoch verstehen, dass angesichts der bis zu 1000 Meter senkrecht abfallenden Nordwände, sowie der Eisfelder und Gletscher dieses im Hohen Norden gelegenen Dreitausenders, die Sisters bei Kletterern und Hochgebirgsalpinisten das stärkere Herzklopfen verursachen...

Es regnet ja schon wieder!
Ja, diesen Ausspruch hört man leider oft... Wie dumm eigentlich!
Besser wäre:
"Regen bringt Segen" oder "Rain makes Grain",
wie Bauern und Farmer beiderseits des Atlantik zu sagen pflegen.
Doch nicht nur für das Wachstum der Vegetation bringt der Regen Segen.
Perioden der Trockenheit lagern Schmutzpartikel, wie Sand oder Staub, auf Bäumen und Pflanzen ab.
Die Blätter und Nadeln sind emsig damit beschäftigt, Sonnenlicht in Chlorophyll umzuwandeln sowie Kohlendioxyd
ein- und Sauerstoff auszuatmen. Es liegt nahe anzunehmen, dass das in sauberem Zustand besser geht!
Und so freut sich auch die Vegetation auf ein Bad, auf eine Dusche...
Die ganze Atmosphäre wird durch den Regen gereinigt. In der Luft schwebende Staubpartikel werden herunter gewaschen.
Bäume, Sträucher, Pflanzen, die Wiesen, die Felsen, ja alles wird von ihrem Belag aus Sand und Staub befreit.
Doch nicht nur das:
Die gesamte Natur erscheint wieder in ihren ursprünglichen, intensiven Farben, in voller Schönheit und vollem Glanz.
Und das hat sie getan nach diesem Gewitterregen!
Atemberaubend war der Blick hinunter über das malerische Hochtal und die Quellwasser des Sedan,
auf die gegenüberliegende, mit Gletschern dick gepanzerte Kitwangagruppe,
auf die alles einrahmende Kulisse aus Graten und Zinnen,
teilweise mit weiss und blau schimmernden und in Felsen eingebetteten Schneefeldern,
aber auch auf abgerundete Kuppen mit grünen Almwiesen, grünen Hängen,
und tief ins Tal reichenden Bergrutschen mit blank liegender, roter Erde...

Obwohl inmitten rauher Bergwelt gelegen, kann man dieses Hochtal nur als lieblich bezeichnen.
Sanft geschwungene Hügel wechseln ab mit kleinen Tümpeln glasklaren Gebirgswassers.
Die Hügel bestehen aus rundgeschliffenen Felsen in hellgrauer Farbe, überzogen mit einem Netzwerk von Flechten -
Mal grau, mal in hellem Beige - Mit rötlichen, gelblichen, oder auch dunklen Rändern...
Durch das klare Wasser hindurch schillern Steine, ebenso in allen Farben -
Und an den Rändern, sowie auf den dazwischen liegenden Flächen, wachsen
Blumen... Blumen... Blumen...
Soweit das Auge reicht!

Etwas weiter unten dann zwei herrliche, smaragdgrün leuchtende Seen,
umrahmt von dunklen Hemlocktannen.
Doch gleich danach, kurz unterhalb des zweiten Sees, bricht das Tal abrupt ab.
Fast 1000 Meter geht es senkrecht nach unten und das Wasser stürzt in freiem Fall
über schwarze Felswände in die Tiefe.
In dem hochgelegenen Tal jedoch lässt es sich leicht umherwandern,
über Matten und Felshügel hinunter zu den Seen...
Heute allerdings sitze ich nur staunend da, hoch oben auf dem Gebirgssattel,
geniesse den Blick auf die überwältigende Schönheit dieser Welt
und versinke in ein Gefühl des Glücks...

Die letzten Wolken haben sich verzogen und der Himmel leuchtet in hellem Blau.
Nach dem Regen ist die Luft klar und sauber und die Strahlen der Sonne fallen ungehindert ein.
Sie scheinen durch Milliarden kleiner Wassertropfen hindurch auf Vegetation, Fels, Erde,
die Spitzen der Blüten und Blätter hell glitzernd, der Boden in mattem Glanz...
Tief unten im Tal ist die Sonne ebenso emsig am Werk mit ihren Strahlen aus Licht und Wärme. Hier ist es windgeschützt
und offene Stellen wie Geröllfelder, Sandflächen der Erdrutsche und Waldschonungen erwärmen sich schnell.
Im Sommer dauert es nicht lange und brütende Hitze entsteht. Auch die unmittelbar über dem Boden lagernde Luft
wird aufgeheizt. Noch kann sie sich nahe der Erdoberfläche halten, aber nicht mehr lange...
Zu gross wird der Temperaturunterschied zur feuchten, kalten Luft der Hänge und Schattengebiete.
Und plötzlich passiert es ... Wusch! ... Die Warmluft löst sich und beginnt aufzusteigen.
Schneller und schneller geht die Fahrt nach oben...
Die Luftschichtung rundum ist äusserst labil, und die Temperatur der Umgebung nimmt mit zunehmender Höhe
schneller ab als sich die jetzt aufsteigende Luft abkühlt. So vergrössert sich der Unterschied noch.
Immer stürmischer geht es aufwärts, mit 30, 40 ... 70, 80 ... ja sogar mit über Hundert
Stundenkilometer Geschwindigkeit kann ein solcher Aufwind nach oben strömen!

Rasch bilden sich Wolken und ein beeindruckendes Schauspiel nimmt seinen Lauf:
Von tief unten aus dem Tal kommend sehe ich erste Wolkenschwaden aufsteigen.
Mit zunehmender Höhe scheinen sie an Fahrt zu gewinnen, breiten sich aus und kochen und brodeln wild durcheinander.
Doch je höher die Wolke steigt, desto klarer werden ihre Formen. Wie ein gigantischer Pilz sieht sie jetzt aus,
immer weiter aufwärts strebend - Wie ein riesiger, immer weiter aufquellender Blumenkohl am Himmel...
Die Sonne steht schräg hinter mir und strahlt die Wolke von der Seite her an.
Fast schneeweiss sieht sie aus im hellen Licht...

Spätnachmittag ist es, die Sonne sinkt und verliert an Kraft. Auch die Dynamik der Wolke lässt langsam nach.
Der Pilz hat seine maximale Höhe erreicht und steht jetzt in seiner ganzen Grösse und ganzen Pracht am Himmel.
Die Konturen sind scharf umrissen und am oberen Ende bilden sich dunkle Ränder.
Die Bewegungen im Innern der Wolke gehen jetzt sichtbar langsamer vonstatten.
Man kann ihr Brodeln zwar noch erahnen, doch aus der Entfernung sieht es aus wie ein ruhiges, stetes Quellen.
Wie das Malen von Blumen! Mit Bewegungen fast schon graziöser Art...
Ich denke an Tänzerinnen in sanft schwingenden Kleidern... In wallenden, schneeweissen Kostümen...
Mit dunklem, lockigem Haar...

Langsam weicht das Tageslicht und Dämmerung stellt sich ein...
Noch verharren die Gebilde fast regungslos.
Doch die Ballerinen der Himmel neigen schon ihre Häupter...
Der Glitter ihrer weissen Kostüme beginnt zu zerfallen...
Der Himmel hat sich in tiefes, schwärzliches Blau verwandelt.
Nur noch schemenhaft sind die Silhouetten der umliegenden Berggipfel zu erkennen.
Wie erstarrte Tänzer stehen sie jetzt da...
Vor dem Dunkel des Firmaments.

𝓕luss der Nebel...
Indianisch für Skeena River -
Hier bei Kitwanga, Britisch Columbia.
In Küstennähe herrscht oft eine sehr hohe
Luftfeuchtigkeit. Das ist auf dem Bild an
den ausgefaserten Wolken und der
nebelhaften Luft klar ersichtlich.
Allerdings ist die Atmosphäre nie so
bedrückend wie z. B. in Deutschland
bei ähnlicher Luftfeuchte.
Vielleicht liegt es an dem konstanten
Luftaustausch zwischen den Höhen der
Berge und den Tälern, vielleicht auch an
der immensen Sauerstoffproduktion der
riesigen Wälder, vielleicht ist es aber
auch wegen der praktisch nicht
vorhandenen Luftverschmutzung...?
Ich nehme an, es sind alle drei
Faktoren zusammen, die zu dem weitaus
angenehmeren, leichteren und wohl auch
gesünderen Klima hier beitragen...

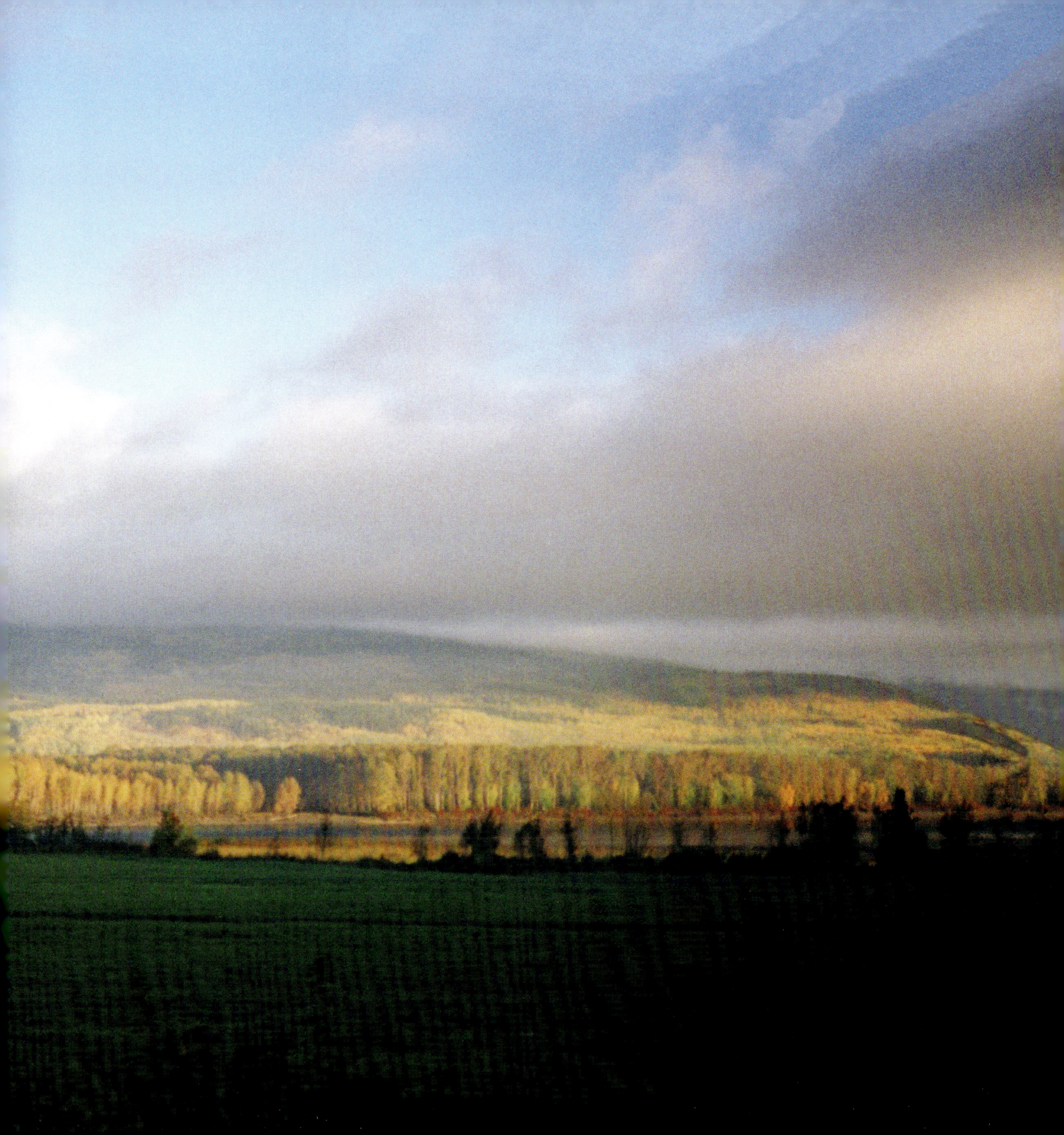

Schneeziegenjagd.
Noch heute leben die Schneeziegen wie vor tausenden von Jahren.
Nichts hat sich an ihrem Lebensraum verändert!
Die meiste Zeit verbringen sie in den hochalpinen Gebirgsregionen und nur im Winter wechseln sie zu ihren tiefer gelegenen Einständen. Doch auch da halten sie sich vornehmlich in für sie sicheren Felsabstürzen auf, oft hoch oben in den Schluchten der Wildwasser.
Im Sommer hingegen kann man ganze Herden von ihnen auf den alpinen Matten beobachten.
Oder auch in Steilwänden, wenn sie um die Berge ziehen... Es ist immer ein äusserst beeindruckendes Bild!
Ob eine Herde, schneeweiss auf den weiten, grünen Almen der unberührten Bergwelt,
ob ein einzelner Bock in schwindelerregender Felswand:
Ihre Art ist ruhig, eigenständig, souverän, stolz...
Sie sind Vertreter der Urzeiten und Sinnbilder für die Ewigkeit.

Schneeziegen gebären meist Zwillinge, mitunter sogar Drillinge, und so besteht die Herde vornehmlich aus Müttern mit ihren Neugeborenen - Aber auch jüngere Böcke, obwohl schon selbständig, laufen noch im Verband mit.
Es ist immer lustig anzusehen wie die jungen Zicklein umhertollen... Allerdings tun sie das auch auf halsbrecherische Weise in den Steilwänden, und man kann sich vorstellen, dass da leider auch mal eins verloren geht.
So sieht man ab und zu auch Mütter mit nur einem Jungen...

Ältere Böcke hingegen behaupten ihr eigenes Revier und stehen fast ausnahmslos in steilen Felsregionen.
Es versteht sich von selbst, dass sie somit für Jäger aller Art äusserst schwer zu erreichen sind.
Man kann zwar eine Kugel hinaufsenden...
Aber es nützt ja nichts die Ziege zu erlegen, wenn man sie nicht bergen kann!
So lässt man es besser.

Auch sind ältere Ziegenböcke recht schlau...
Auf einer meiner Hochgebirgswanderungen hatte ich einmal Anblick auf einen Kapitalen Ziegenbock.
Er stand auf einem grasbewachsenen Steilhang.
Das war eigentlich überraschend, denn der Hang war leicht zugänglich.
Allerdings war die Sicht nach allen Richtungen hin weit offen und sofort hat er mich mit seinen scharfen Augen erspäht!
So hat er sich immer etwa einen halben Kilometer, also sicher ausser Schussweite, vor mir gehalten und ist dann um den Berg herum in eine Steilwand eingezogen...
Auf Wiedersehen also!

Ein anderes Mal hatte ich Anblick auf drei Ziegenherden gleichzeitig...
Sie ästen friedlich auf den Hängen dreier verschiedener Berge.
So nennt jede Herde wohl einen Berg ihr eigen und in der weiteren Umgebung desselben halten sie sich während der schneefreien Zeit auf.
Insgesamt, also alle drei Herden zusammen, konnte ich über siebzig Ziegen zählen...
Ein doch eher seltener Anblick, er war mir auch nur einmal beschieden.

Im herrlichen Reich der Schneeziegen sind wir, und heute will ich's mal versuchen mit der Jagd.
Unglücklicherweise sind vom Zeltplatz aus keine Ziegen zu sehen, bis auf die in hohen Felswänden stehenden
und somit unerreichbaren solitären Böcke natürlich... Aber da braucht man es gar nicht zu versuchen.
Allerdings, die Herde vom Schnepfenberg musste doch irgendwo sein...?
Tiefer unten konnten sie nicht stehen, und auf den Hängen rundum waren sie auch nicht.
Blieb somit nur eins übrig: Ganz oben auf dem Gipfel also!

Oft hängt es vom Wetter ab, wo das Wild sich aufhält.
Im Winter in tieferen, wärmeren Lagen - Im Sommer höher, wo es kühl ist...
An kühlen, sonnigen Tagen werden Südhänge bevorzugt, da lassen sie sich gerne den Pelz wärmen...
An heissen Tagen hingegen sind die Nordhänge Favorit. Dann findet man sie sogar mal auf den übriggebliebenen
Schneeflecken liegend... Heute ist es wieder brütend heiss und es ist nur logisch, dass
die Ziegen so weit wie nur möglich nach oben ziehen, um der Hitze zu entgehen.
Also sind sie auf dem Gipfel zu vermuten, und ich muss wohl hinauf!

Das ist das Schwierige bei der Jagd auf Schneeziegen, das Gelände... Deshalb ist diese Jagd auch nicht gerade populär.
Zuerst der mühsame, lange Aufstieg. Dann muss man die Ziegen finden, was auch äusserst strapaziös sein kann.
Und zuguterletzt, hat man das Glück und Diana war einem wohlgesonnen, muss das Tier geborgen
und auf dem Rücken, wieder unter Strapazen, zu Tal gebracht werden...

Diese Mühsal schreckt viele ab... Gottseidank!
Denn Schneeziegen reagieren sehr empfindlich auf eventuellen Jagddruck.
Deshalb sind die Jagdgesetze für Ziegen auch sehr streng. In den meisten Gegenden gibt es
keine für jedermann offene Jagdzeit, sondern eine limitierte Anzahl von Abschusslizenzen wird verlost.
So kann man Glück haben und eine Lizenz auf dem Verlosungsweg erhalten, oder eben auch nicht...
Dann halt das nächste Jahr!

*I*n einigen wenigen Gegenden Britisch Columbia's ist die Jagdsaison allerdings noch für jeden offen.
Es sind die am schwersten zugänglichen Gebiete, wohin sich kaum ein Jäger verirrt...
Doch trotz Jagdleidenschaft ist es für mich nicht das Wichtigste, ein Stück Wild zu erbeuten.
Viel mehr schätze ich das Erlebnis als Ganzes, die herrliche Natur,
besonders die riesige Weite dieser menschenleeren, gewaltigen Gebirge, die Einsamkeit, die Freiheit...

Und da bin ich jetzt!
Die Büchse geschultert, das Fernglas umgehängt, den kleinen, leichten Rucksack auf dem Rücken, breche ich auf.
Es ist wichtig, immer die Überlebensutensilien bei sich zu tragen!
Nie bin ich ohne sie auch nur ein paar hundert Meter vom Haus gewandert. Gerade solche Situationen sind es,
wo man in Not geraten kann... Man hat nichts geplant, nichts vorbereitet, folgt einfach mal den Bach entlang,
geht zu einem Biberteich, sieht Interessantes, wie ja immer, geht weiter um Neues zu entdecken...
Man wird überrascht von Regen, Kälte, Nässe, Dunkelheit, man verirrt sich...
Und, und, und...
Nein! Kein Schritt in die Wildnis ohne Überlebensutensilien!

Es ist nicht viel was man dabei haben muss:
Eine kleine, leichte Plane zum Schutz vor Regen. Man kann sie aufspannen, mit dünnen Seilen aufhängen,
oder man kann sich auch direkt einwickeln darin. Dann eine Thermobeschichtete Überlebensfolie.
Es ist eine Aluminiumfolie, an einer Seite mit einem High Tech Material beschichtet und ultra wärmend.
Wickelt man sich in diese Folie ein, wird es einem sofort heiss!
Ausserdem natürlich die Notkleidung.
Einfach nur dünne, warme Unterwäsche, allerdings möglichst aus Wolle, denn Wolle wärmt auch noch,
wenn sie feucht oder sogar nass ist. Dann eine Wollmütze, denn die meiste Wärme geht nach oben, also über
den Kopf verloren. Und ein Paar Wollhandschuhe, sie können auch sehr hilfreich sein bei klammen Fingern...
Es versteht sich von selbst, dass die Notkleidung wasserdicht verpackt sein muss!
Hinzu kommen natürlich die üblichen Erste Hilfe Utensilien:
Mullbinden, Nadel, Faden, Pflaster, Medikamente... Jeder weiss selbst, was für ihn nötig sein kann.
Immer hab' ich meine Migränetabletten dabei gehabt.
Wer Migräne hat, weiss, dass man sich bei einem solchen Anfall, ohne lindernde Medikamente zu haben,
fast schon freiwillig die Felswand hinunter stürzen möchte...!

So, das ist schon alles, zumindest das Wichtigste.
Hat man diese Dinge dabei, kann nicht mehr viel passieren, da hält man es in einer Notsituation tagelang aus...
Wie gesagt, das Notgepäck trag' ich immer mit mir, egal wohin es geht und für wie lange.
Ich hab' alles in einem kleinen, leichten Rucksack und diesen dann wiederum
im Grossen mit Aluminiumgestell, welcher hervorragend auch für schwerste Lasten geeignet ist...
So hat man seine ganze Ausrüstung dabei, wenn es zu einem neuen Lagerplatz geht,
und für tägliche Unternehmungen ist man auch, bei geringstem Gewicht, gerüstet.

Jetzt aber los, sonst komm' ich nie hinauf!
Nach Süden zu fällt der Schnepfenberg steil ab und die Felswände und Abbrüche
münden in einem weiten Kar aus Geröll...
An der Nordseite sieht es ähnlich aus, obwohl dort das Gestein oft aus lockerem Schiefer besteht.
Ein grosses Eisfeld liegt hier eingebettet zwischen zerklüfteten Graten und Türmen.
Eis- und Schneefelder haben immer einen besonderen Reiz für mich und ganz besonders dieses hier...
Es liegt so versteckt in den Felsen und das Eis lockt fast unwiderstehlich mit seinen Geheimnissen,
seiner Atmosphäre aus Ewigkeit, Ruhe und Melancholie...
Im Osten geht der Berg in einen langsam abfallenden Grat über und im Westen befinden sich steile, doch gut
zu ersteigende Hänge, bewachsen mit Gras und immer wieder durchsetzt mit quer verlaufenden Felsbändern.
Hier geht es bergan an diesem Sommertag, unter blauem Himmel und strahlendem Sonnenschein.
Es ist warm um die Mittagszeit und lustig ertönt das Pfeifen der Marmots, der Murmeltiere.
Immer wieder hört und sieht man sie vor ihren Bauen, wie sie aufrecht stehen und wachen und warnen.
Doch nicht nur bei einsamen Bergwanderern sind sie wegen ihrer putzigen Unterhaltung beliebt...
Auch Adler und Grizzlys wissen sie zu schätzen, allerdings aus anderem Grund!
Dazu fällt mir eine Geschichte ein, die ich in einem Buch von Andy Russell,
einem Outfitter (Jagdführer) aus Alberta, las.

Andy führte Jagdgäste auf Grizzlys.
Sie erspähten einen Bären hoch oben in der Alpine, wie er emsig damit beschäftigt war,
einen Murmeltierbau auszugraben.
Er war schon gut vorangekommen und nur sein dickes Hinterteil schaute noch heraus!
Doch dann schien es nicht mehr weiter zu gehen.
Nach einiger Zeit des Wartens siegte schliesslich die Neugier und sie gingen näher.
Was war geschehen?
Der Bär war tot!
Grizzlys haben schlechte Nerven, verfallen schnell in höchste Aufregung und verlieren die Beherrschung...
Das verbissene Graben nach den Murmeltieren und der sich nicht einstellen wollende Erfolg
schien den Bären so aufgeregt zu haben, dass er vermutlich am Herzschlag starb!

Wie gesagt, diese kleine Anekdote stammt aus einem von Andy Russell's Büchern.
Er hat darin aus seinem reichen Erfahrungsleben als Outfitter berichtet und seine Erzählungen
sind mit die interessantesten und authentischsten, die es über Kanada gibt.

**F**ast zwei Stunden hat der Aufstieg gedauert und ich bin oben angelangt.
Überwältigend ist die Sicht nach allen Richtungen über Täler und Berge.
Ein Gefühl des Sieges kommt auf, wie immer, wenn man den Gipfel erreicht hat... Allerdings besteht der Gipfel nicht, wie so oft, aus steilen Felsen, sondern in diesem Fall ist es ein Plateau, ein paar hundert Meter weit und leicht hügelig.
Und sofort fallen sie mir ins Auge, wie sie da liegen und stehen:
Die Schneeziegen!
Ein herrliches Bild bot sich:
Die gesamte Herde mit etwa dreissig Tieren befand sich direkt vor mir!
Schneeweiss hoben sie sich ab von dem grünen und grauen Untergrund und von dem Blau des Himmels dahinter.
Teilweise niedergetan, teilweise stehend, ruhten sie im hellen Sonnenlicht...

Doch will ich es kurz machen:
Der Jagdtrieb war übermächtig und nicht zu bremsen!
Ich suchte eine Ziege aus, die etwas abseits der Herde und nahe am Abgrund stand, so war die Wahrscheinlichkeit grösser, dass es ein Bock war. Es gab nichts zu überlegen: Hinlegen, zielen und abdrücken war eins.

Und...? Nichts!
Noch einmal! Nichts...
Und noch einmal... Wieder nichts!
Drei mal hab' ich geschossen... Nichts!
Drei mal gefehlt... Vorbeigeschossen!

Wie gibt es sowas...? Wie konnte das passieren...?
Die Ziegen hat es nicht gekümmert, sie sind an Lärm und Donner von Fels- und Geröllstürzen her gewöhnt...
Ruhig haben sie dagelegen und dagestanden wie vorher. Auch „mein" Ziegenbock...
Und nur drei Patronen hatte ich dabei!

Zuerst hab' ich wie ungläubig in den Himmel geschaut...?
Doch dann hab' ich nur noch dagestanden...
Mit hängendem Kopf und leerer Patronentasche...

Warum ich drei mal gefehlt habe, ist mir auch Heute noch nicht klar...
Es waren nur etwa achtzig Meter Entfernung und ich bin gut abgekommen.
Vielleicht lagen die Schüsse wegen der Höhenlage und der daraus resultierenden dünnen Luft höher,
vielleicht hatte sich das Zielfernrohr verstellt...?
Ich weiss es nicht.
Nach diesem Vorfall habe ich das Zielglas dann auch verkauft.
Irgendwas muss ja Schuld gewesen sein...!?

Doch plötzlich geschah etwas gänzlich Unerwartetes:
Auf halber Höhe des Westhanges bildete sich eine dunkle Wolke.
Wahrscheinlich hatte sich im Tal oder am unteren Hangbereich eine Thermik gelöst, die den Hang entlang nach oben strömte.
Schnell kam die Wolke näher und innerhalb weniger Minuten war ich dicht umhüllt. In dicken Schwaden zogen die Nebel
über das Plateau und ich konnte kaum noch weiter als fünf oder zehn Meter sehen...
Die Ziegen waren gänzlich aus meiner Sichtweite verschwunden und ich wohl auch aus ihrer...

Das war meine Chance!
Ich hatte ja noch die kleinen 22 er Patronen...!
Die Büchse fest umschlossen, bewegte ich mich geduckt und im Schutze des Hügels auf die einzelstehende Ziege zu.
Hier muss sie irgendwo sein, dachte ich!
Langsam und vorsichtig reckte ich mich auf und spähte über den Hügel:
Da stand sie, keine zehn Meter vor mir!
Wild pochte mein Herz...
Langsam, wie in Zeitlupe, hob' ich die Büchse an meine Schulter.
Riesig erschien der Kopf der Ziege im Zielglas.
Pätsch! Der wohlbekannte, helle Knall der 22 er.

Schlagartig liess die Spannung nach.
Trotzdem erst mal niedersetzen, beruhigen, abwarten...!
Zwanzig Minuten hab' ich dagesessen, bis sich der Herzschlag normalisierte.
Und die Ziege...?
Wieder ein vorsichtiges Spähen über den Hügel:
Da lag sie! Regungslos... Meine Ziege!
Unweigerlich stieg ein Gefühl des Triumphes in mir auf...

Doch was war das ?
Was ich sah, liess mein Triumpfgefühl schnell in ein solches des Hoffens und Bangens umschlagen...
Die Ziege lag zwar da, und zum Glück auch etwa zwei Meter vom Abgrund entfernt.
Aber sie lag auf einem Schneeflecken!
Im Verlauf des Winters verfrachtet der Westwind grosse Schneemassen und bildet mächtige Schneebretter, teilweise bis
über die Hänge und Grate hinaus. Das war auch hier der Fall, und obwohl schon Ende August, war noch nicht alles abgetaut.
Auch war hier eine sich zum Abhang hinziehende Mulde, worin sich Eis und Schnee besonders lange hielten.

Schnell lief ich zu meiner Ziege hin.
Aber ich konnte sie nicht erreichen, lag sie doch mitten auf dem Schnee...
Wie eine Katze um die Maus lief ich im Halbkreis um sie herum.
Doch es half nichts!
Ich streckte meine Hände aus, so weit es ging... Es half nichts! Von welcher Seite ich es auch
versuchte, es fehlte noch ein Meter. Meine Ziege - Da lag sie und ich konnte sie nicht erreichen!
Wie angewurzelt stand ich da und überlegte fieberhaft was ich tun könnte? Es fiel mir nichts ein.
Und es kam noch schlimmer: Die Ziege fing an abzurutschen...
Langsam, ganz langsam und Zentimeter für Zentimeter begann sie in Richtung Abgrund abzugleiten.
Nein, dachte ich ... Nein, nein, nein!
Zuerst zwar vorbei geschossen, dann aber war mir Diana doch noch hold, und jetzt wieder das...!?
Es half nichts.
Die Ziege rutschte weiter, und um so schneller, je näher sie dem Absturz kam.
Ich wagte mich nicht auf das Eis, so stand ich hilflos und mit ausgestreckten Händen da.
Nur ein dumpfes Rumpeln konnte ich hören, als sie die Felsen hinabstürzte und meinen Blicken entschwand...
Wieder stand ich da mit hängendem Kopf.
Was tun...? Da war guter Rat teuer. Aber aufgeben...? Nie! Also gab's nur eins: Zuerst absteigen wie ich
herauf gekommen war, dann um den ganzen Berg herum gehen, dann wieder aufsteigen bis in das Geröllkar.
Da muss sie ja dann sein...!?

So war es auch.
Inmitten des Steingerölls lag sie... Unversehrt... Meine erste Schneeziege! Fast kann ich es noch gar nicht glauben.
Gott selbst muss es gewesen sein, der mir die Ziege bescherte.
Und die kleine 22 er vielleicht...?
Fasziniert und bewundernd, aber auch mit Schaudern, folgt mein Blick der Steilwand hinauf in Richtung Gipfel.
Noch immer ist er in dichten Wolken eingehüllt.

Ja, die Wolken...
Manchmal sind sie doch unsere Helfer. Immer eigentlich, was wären wir ohne sie?
Sie sind unsere Unterhaltung - Mal leicht und heiter, mal schwer und drohend...!
Sie sind unsere Objekte der Träume - Möchten wir nicht immer auf Wolke sieben schweben...?
Sie können verbergen, doch offenbaren auch.
Und was wären wir ohne ihren Regen...?
Nichts!

Bleibt noch zu erwähnen, dass auch der Rückweg vom Kar zum Lagerplatz
nicht ganz planmässig verlief, wie ja fast alles auf dieser Jagd...
Die Ziege auf dem Rücken, die Büchse zwecks Gewichtsersparnis nicht dabei (!),
hat mir eine Wolverine den Weg versperrt!
Doch darüber will ich später berichten, für Heute nur so viel:
Es ging auch wieder gut aus...

Meine vier "Weisen"...
Die kluge Frau (mit Turban) ...
Das kluge Tier (Ziege) ...
Der Kluge (Kaufmann) ...
Der Zar ...

# Schmusekatzen

## -- Mein Blockhaus --

Seit 1983 wohne ich in Kanada...
Es war mein Jugendtraum.
Schon immer mochte ich die Natur, die Wälder, Flüsse, Seen und die wild lebenden Tiere.
Vielleicht hab' ich zu viel Karl May gelesen... Oder Lederstrumpf... Oder Tecumseh...?
Nun ja... 1991 wollte ich unbedingt vom Osten Kanada's, wo ich zuerst "landete",
in den Westen, ins Gebirge...

Ein Blockhaus bauen in der Wildnis...
Wir kauften ein Grundstück im Norden von Britisch Columbia,
schlugen unser zwei Mann Zelt auf - Und zogen ein!
Wir, das waren meine Frau Monika, unsere drei Kinder Robert 9, Christine 7, Sylvia 2, und ich.
Am nächsten Morgen lag 10 cm Schnee auf unserem Zelt...!

Doch unentmutigt fing ich alsbald an zu bauen...
Allerdings war es für mich die erste Unternehmung dieser Art.
Also musste der Verstand eingeschaltet werden!
Und dieser führte mich zum Kauf zweier Bücher.
Eine gute Idee...!

Nach zwei Jahren war das Haus fertig...
Nun, nicht ganz fertig, das darf ein Haus ja nie werden, denn ein chinesisches Sprichwort besagt:
„Men, who finish houses... Die!"

Aber wir konnten einziehen.
Ohne Strom... Ohne Telefon... Wasserholen vom Bach... Ziegen als Milch- und Käselieferanten...
Katzen und Kätzchen...
Die Mäusepolizei...!

Unsere Lieben mit ihren Lieben...
Endlos sind Spass und Freude, welche Kinder und Tiere uns Erwachsenen bereiten!
Von Natur aus helfen wir doch gerne!
Und wo können wir das besser als bei Kindern und Tieren?
Nichts ist sinnvoller und nichts gibt uns mehr Freude und Zufriedenheit als das Wohlergehen unserer Schützlinge, unserer "Kleinen"...
Und unsere "Kleinen" geben so uns "Grossen" ein Gefühl der "Grösse" obendrein...

𝒪bwohl... Unsere Katzen und Kätzchen hatten manchmal einen schweren Stand!
Wir haben viele Katzen verloren, das heisst, waren sie spät abends nicht zurück,
dann kamen sie oft überhaupt nicht wieder...

Das Problem war ein Uhu, der sich offenbar auf Katzen spezialisiert hatte.
Er sass wohl des Nachts auf dem Baum direkt neben unserem Haus
und es war ein leichtes für ihn eine nichtsahnende Katze zu greifen...

So war selbst die Aufzucht aller neugeborenen Kätzchen nicht mehr genug
und wir mussten am Ende noch Katzen aus dem Tierheim holen,
damit wir überhaupt noch welche hatten!

Ungefähr zwei Jahre lang ging es so, doch dann hörte es Gottseidank auf.
Die drei Kätzchen auf dem Foto hat er aber nicht bekommen, sie waren lange mit uns!
Speziell "Carla", links auf dem Bild, und "Candy", der schwarze Kater rechts,
waren eigentlich ganz "grosse" Katzen...!
Wir hatten sie viele Jahre.
Carla ging sogar mit zum Fallenstellen auf unsere über 1000 Kilometer entfernte Trapline
und Candy hat immer, selbst als ich dann alleine war,
treu auf mich gewartet bis ich nach Hause kam...

Das nebenstehende Foto entstand eines Morgens, als ich zur Tür hinausging...
Da sassen sie, die Kätzchen... Direkt vor unserem Blockhaus.
Und so verschmust... Und so süss...
Nichts war gestellt... Alles ganz original...

Schnell die Kamera geholt und fotografiert!
Ich habe Postkarten von dem Foto machen lassen.
Und so reisen meine "grossen" Schmusekatzen aus Kanada vielleicht noch um die ganze Welt!

*Carla, Rudolf und Candy...*

**D**er Hase und der Uhu.
Noch ein Erlebnis mit dem Uhu möchte ich an dieser Stelle erzählen,
und um es vorweg zu nehmen, diese lustige Begebenheit ging für beide gut aus...

Wir hatten viele Hasen und diese liefen frei herum, so waren immer ein paar davon auf der Wiese vor dem Haus.
Eines Nachmittags erschien plötzlich ein Uhu und baumte auf einem Zaunpfahl auf.
Wir dachten schon, „Oje, die armen Hasen...!"
Aber nein, er sass nur da und schien uninteressiert an ihnen zu sein.
Trotzdem wurde es den Hasen mulmig und sie verzogen sich in ihre Baue und
unter die grossen Weissdornbüsche inmitten der Wiese...

Doch jetzt passierte etwas, was ich nur einmal erlebte,
und ich weiss nicht, ob es jemand sonst überhaupt je erlebte:
Ein Hase sass unterm Weissdornbusch und der Uhu öffnete seine Schwingen und flog in Richtung des Hasen.
Oje! dachten wir wieder...
Aber der Uhu konnte nicht bis unter die niedrig herabhängenden Zweige des Busches fliegen, so landete er
etwa einen Meter vor dem Hasen auf der Wiese. Da sass er nun, und Uhu und Hase schauten sich an...
Es ist immer ein faszinierendes Bild für mich, wenn grosse Vögel auf dem Boden sitzen, so
ganz ungewohnt für sie, sind sie doch in der Luft oder zumindest in der Höhe zu Hause.
Eine ganze Weile sahen sich die beiden nur an.
Der Hase wurde wohl etwas nervös und fing an, mit dem ganzen Körper ruckartig
aufzustampfen, wie es ihnen ja eigen ist... Und tatsächlich geschah das Unfassbare:
Der Uhu fing genauso an aufzustampfen...!
So sassen sich beide gegenüber, stampften ruckartig auf, und musterten sich.
Der Hase kam einen halben Schritt näher, wohl befreundet von der
Verhaltensweise des Uhu's, die ja jetzt wie seine eigene war...
Aber die Vorsicht siegte!
Weiter kam er dem Uhu nicht entgegen, und dieser seinerseits konnte dem
Hasen auch nicht näher kommen wegen der herabhängenden Äste...
Es ging noch eine Weile, dann gab der Uhu auf und flog davon.

Die schlaue Eule, sagt man...
Und es scheint zu stimmen, denn listig hat der Uhu das Verhalten des Hasen imitiert,
um ihn so zu befreunden, vertraulich zu stimmen...
Aber dann...!?
Leider konnte ich die Szene nicht fotografieren.
Wir sahen alles vom Fenster aus und wagten nicht, die Tür zu öffnen und näher zu gehen, aus Angst
der Uhu würde wegfliegen. Aber ich kann mich noch genau erinnern an den Hasen und den Uhu,
wie sie sich in kürzester Entfernung gegenüber sassen und sich in die Augen sahen.
Dieser grosse Vogel der Nacht, der Jäger... Und der kleine, vorsichtige Hase...

"Aller Anfang ist schwer", sagt man...
Das kann ich nicht bestätigen! Für mich war es immer interessant, Neues zu beginnen - Und besonders hier!
Schon beim ersten Spatenstich hat der Boden Geschichten erzählt... Von Urzeiten , als der Skeena noch hier verlief und die Erde, die ich jetzt schaufle, anschwemmte... Die Vögel singen, die Sonne lacht, die sinnvolle, physische Aktivität, all das trägt bei zu einem befriedigenden Gefühl etwas zustande gebracht zu haben, erzeugt generelles Wohlbefinden...
Ich habe oft Neues angefangen, und nie war es schwer, sondern immer interessant!
Im Gegenteil, ich würde mir wünschen, dass es noch einmal einen solchen Anfang gäbe...

𝒩atürlich gibt es viel zu erzählen über den Bau eines Blockhauses...
Allerdings möchte ich hier nicht zu sehr darauf eingehen, denn es gibt einschlägige Literatur zur Genüge,
in welcher der Bau von Blockhäusern in seinen verschiedenen Stilen und Bauweisen hinreichend beschrieben ist -
Und das von professionellen Handwerkern, die sicher weitaus besser über die Materie Bescheid wissen als ich.
Auch sind die Bilder ja selbsterklärend.
Ich möchte hauptsächlich darstellen was ich anders gemacht habe, warum anders,
die Vor- und Nachteile, oder auch was ich gar nicht gemacht habe, auf was ich verzichtet habe.

An erster Stelle steht da wohl der Keller.
Auf einen Keller aus Beton hab' ich verzichtet.
Warum?
Ich hab' ihn nie gebraucht!

Ausserdem ist ein solcher Keller sehr teuer und man kann ihn nicht selbst bauen.
So hab' ich mit dem eineinhalbfachen, was der Keller gekostet hätte, das ganze Haus finanzieren koennen!
Und das beinhaltet Fenster, Türen, die gesamte Generatoranlage samt Stromversorgung im Haus,
die Wasserversorgung und auch noch die Baumstämme zum Bauen, welche ich nicht selbst
fällen konnte, da am Anfang mangels Maschinerie, Zeit etc. die Möglichkeit nicht bestand.

Ich möchte ja auch nicht im Keller, also in der Erde, wohnen...!
Und für einen Abstellraum so viel Geld ausgeben?

Das geht viel einfacher. Und zum Nulltarif!
Wir haben hinter dem Haus in den Hang hinein Erde ausgegraben, das heisst, die Kinder und ich...
Mit Hacke und Schaufel...
Dann eine Struktur aus dicken Zedernstämmen konstruiert, diese mit Teerpappe umhüllt und mit Erde bedeckt.
Es ist der Beste aller Keller geworden und diente auch als Generatorhäuschen, da frostsicher.

𝓔in weiterer Nachteil eines Betonkellers ist der schwere Maschineneinsatz zum Bau desselben.
Da bleibt nichts mehr wie es mal war.
Die Erde wird aufgewühlt, die gesamte Vegetation zerstört!
Man kann wieder neu anpflanzen - Für Geld und viel Arbeit natürlich!
Aber den ursprünglichen, natürlich gewachsenen Zustand kann man nicht wiederherstellen - Er ist für immer verloren!
Da hab' ich lieber auf sanfte Weise Hacke und Schaufel genommen und von Hand ausgegraben.
Die Sonne hat mir zugelacht und die Vögel haben mir Lieder gesungen...

Das Haus wurde also auf Pfähle gebaut.
Wie gesagt, es wurden Löcher gegraben, natürlich unter Frosttiefe, ein Sockel aus Beton gegossen,
dann Rohrformen aus Pappe aufgestellt und diese mit Beton aufgefüllt.
Fertig!
Vorteile dieser Art von Fundament gibt es viele, Nachteile keine.

Angefangen mit Radongas, welches aus der Erde austritt und durch den Keller ins Haus aufsteigt...
Steht das Haus auf Pfählen, tritt dieses Problem erst gar nicht auf,
man muss also einen eventuellen Keller nicht luftdicht versiegeln.

Auch bei Hochwasser sollten keinerlei Probleme auftreten...
Hat man keinen Keller, kann er auch nicht voll Wasser laufen!

Wie gesagt, für mich und mein Blockhaus hat das Fundament aus Betonpfählen perfekt funktioniert.
Anzumerken wäre noch, man kann sogar statt der Betonpfähle dicke Zedernstämme nehmen. Zedern haben einen
sehr hohen Ölgehalt und halten deshalb selbst in der Erde ohne weiteres dreissig Jahre, vielleicht sogar länger...
Dann hebt man das Haus hoch, mit einem Blockhaus geht das einfach, und ersetzt die Pfähle.
Für die nächsten dreissig Jahre...
Wie gesagt, wenn man sich die Kosten für Beton und Papprohre auch noch sparen will.
Ein Fundament zum absoluten Nulltarif sozusagen...

Sylvia.
Unbeschwerte Kindheit auf der Farm...

𝑫ie Isolation.
Auch hier bin ich den eher unkonventionellen Weg gegangen...
Nicht, dass ich darauf verzichtet hätte, das sollte man selbst bei einem Blockhaus nicht tun.
Um die Stämme aufeinander einzupassen, werden diese der Länge nach eingeschnitten und es entsteht ein Hohlraum.
Es versteht sich von selbst, dass man diesen möglichst gering hält, ist aber unumgänglich.
Der Hohlraum sollte mit Isolation ausgefüllt werden. Es stehen verschiedene Materialien zur Verfügung
wie Schafwolle, Steinwolle, Glaswolle und eben auch, wie von mir verwendet:
Moos!
Die Moosisolation hat sich in den Hohlräumen längs der Stämme hervorragend bewährt! Ist der Stamm fertig
zugeschnitten, wird er aufgelegt, an einer Seite etwas angehoben und der Zwischenraum mit Moos aufgefüllt.
Durch Austrocknen schrumpft er mit der Zeit, der Zwischenraum verkleinert sich
und das Moos wird zusammengepresst.
Eine perfekte Isolation!

Es hat sich für mich hundertprozentig bewährt und die Vorteile sind vielseitig...
Es kostet nichts, also wieder zum Nulltarif (!), es ist ein wunderbares Material zum Verarbeiten,
ist absolut natürlich, also keine Chemie, es wächst von selbst nach, muss nicht mit Energieaufwand
hergestellt werden, es fallen keine Transportkosten an, und es isoliert bestens...!
So konnten die Kinder auch hier tüchtig mithelfen und hatten eine sinnvolle, mit Erfolg gekrönte Beschäftigung.
Zudem kamen Spiel und Spass auch nie zu kurz...
Immer wieder sind sie im Wald verschwunden und kamen mit grossem Hallo und Säcken voller Moos zurück.
Na, manchmal hat es auch länger gedauert und ich musste auf mein neues Material warten...
Zu verlockend waren wohl die Himbeeren im Wald!

Es versteht sich von selbst, dass man nicht alles Moos an einer Stelle abräumt, sondern ein bisschen hier,
ein bisschen da nimmt... Ausserdem sollte es nur sauberes und langfaseriges Moos sein und man sollte
es ein wenig ausschütteln, um eventuell noch anhaftende Erde usw. zu entfernen.
So viel über mein bevorzugtes Isolationsmaterial Moos...

𝓕ür Fussboden und Dach hab' ich herkömmliche Glaswolle verwendet.
Die benötigten Mengen waren zu gross und man hat ja keinen Kontakt damit im Innenraum.
So wurden die Zwischenräume der Bodenträger und Dachsparren mit Glaswolle ausgefüllt
und die Unterseite des Bodens dann mit Mosquitonetz aus Aluminium dicht verschlossen.
Die Dachisolation blieb nach oben offen und wurde nur durch die Zedernschindeln abgedeckt.
Es ist wichtig, dass die Isolation atmen kann.

Zur Innenraumseite hingegen sollte eine luftdichte Barriere verlegt werden,
damit sich keine Kondensfeuchtigkeit bilden kann.
Eine starke Plastikplane tut diesen Dienst.
Na ja... Aber es war das einzige an Plastik was ich in meinem Haus verwendet habe!

Und wie dick sollte die Isolation sein, wie viel davon sollte man einbauen?
Die Antwort ist einfach: Je mehr, je besser!
Vor allem für's Dach!
Für den Fussboden natürlich auch.
Aber die weitaus meiste Wärme geht immer nach oben verloren!
Die Wände und auch die Fenster sind eigentlich nicht so wichtig.
Obwohl, die Stämme eines Blockhauses bieten in sich selbst unübertroffene Isolation!
Und nicht nur das...
Sie atmen von den Enden her und schaffen somit ein perfektes Raumklima:
Im Sommer kühl, im Winter warm, und das immer mit frischer Luft...!
Ich habe schon in vielen verschiedenartig gebauten Häusern gewohnt,
aber die Wohnqualität eines Blockhauses ist einfach unerreicht!

𝓓och zurück zur Isolation:
Für's Dach hab' ich dreissig Zentimeter dicke Glaswolle verwendet, mehr ging nicht rein...
Für den Fussboden waren es etwa zwanzig Zentimeter.
Es muss mehr als ausreichend gewesen sein, denn obwohl unsere Fenster nur einfach verglast waren,
haben wir das ganze Haus mit nur einem Ofen,
einem Holzofen natürlich, das versteht sich von selbst, heizen können.
Und das bei bis zu Minus 37 Grad im Winter!

Doch zugegeben:
Man muss bei dieser Kälte schon mal Nachts aufstehen und nachlegen...!

Noch ein paar Vorteile des Blockhauses möchte ich erwähnen:
Übrigens, es gibt ja nur Vorteile bei diesen Häusern, vom Preis mal etwas abgesehen.
Blockhäuser sind etwas teurer, wenn man sie bauen lässt, aber umso preiswerter, wenn man sie selbst baut...!
Es steckt allerdings viel Arbeit drin, vor allem auch Motorsägenarbeit...
Das sollte man wissen, bevor man anfängt.
Man kann natürlich auch mit der Axt arbeiten. Aber wer kann es noch? Und es dauert um Vieles länger...
Allerdings, ist das Haus fertig, ich meine damit die Aussenkonstruktion, dann ist man innen auch schon fast fertig!
Aussen- und Innenwände sind ja das gleiche, und es bedarf keines Verputzens,
Verkleidens, Tapezierens, Streichens und desgleichen.
Auch kann man die Balkenwände wunderbar mit Regalen,
Möbeln etc. in Heim- und Selbstarbeit vervollkommnen...

*a*llerdings sollte man schon von Anbeginn an folgendes denken:
Wie man die Stämme von Anfang an behandelt, so hat man sie dann auch Innen!
Also gleich vorsichtig und pfleglich behandeln!
Rauhe Stellen, besonders Äste, glätten, die Stämme nie direkt auf dem Boden lagern,
und diese auch nicht mit Ketten hochheben (Druckstellen), sondern starke Gurte verwenden.

Zugegeben, alles hab' ich auch nicht vorbildlich gemacht...
Aber mein Haus war trotzdem schön!
Der Charme des Blockhauses ist so überwältigend!
Da werden ein paar Schönheitsfehler schon vergeben...

Weitere Vorteile? Ja, sie scheinen endlos zu sein...
Blockhäuser sind äusserst Erdbebensicher! Das ist mit ein Grund, weshalb sie in Japan so beliebt sind.
Die Stämme werden weder vernagelt noch verschraubt, sie liegen nur aufeinander, zusammengehalten und
verzahnt durch Konstruktion und Bearbeitung selbst. Das Rütteln und Schütteln eines Bebens kann somit auch
nichts zerreissen, da die Konstruktion nachgibt und die Stämme dadurch in ihrer ursprünglichen Lage verbleiben.

Fast fünfzehn Jahre haben wir ohne Strom und Telefon gelebt, auch ohne fliessendem Wasser im Haus...
Das war eine schöne Zeit und wir haben nichts vermisst.
Die Kerosinlampen gaben immer genug Licht - Und Romantik obendrein!
Zum telefonieren sind wir ans Telefonhäuschen gegangen. Und unser Wasser haben wir vom Bach geholt.
Das war auch wieder eine sinnvolle Beschäftigung für die Kinder - Mit viel Spiel und Spass, versteht sich...
Wie ja mit so Vielem auf der Farm...!

*D*as Wasser vom Bach hab' ich auch immer gern geholt...
Für mich hat es etwas Faszinierendes an sich. Auch wenn man es hereingeholt hat
und die Wassertonne drinnen aufgefüllt ist. So kühl und klar ist es, ja direkt geheimnisvoll...
Ebenso im Winter, wenn man erst das Eis aufhacken muss, und man sieht dann das Wasser fliessen -
Sauber und tiefgründig, verheissungsvoll, beschützt unter Eis und Schnee...

Braucht man hingegen nur den Hahn aufzudrehen, dann ist dieses Gefühl,
diese Erfahrung mit dem Wasser, dem ureigenen Element, leider verloren...
Es ist reduziert zum Gebrauchsgegenstand.
Deshalb hab' ich immer gern' das Wasser vom Bach geholt.
Auch später noch, als wir schliesslich und endlich die Leitung im Haus hatten...

Mit dem Strom war es eine andere Sache und ich habe es auch nie bereut...
Es ging ja um eine 12 Volt Anlage, und diese im Haus einzubauen hat viel Spass gemacht.
Anders als bei 220 Volt, wo man immer vor möglichen Stromschlägen auf der Hut sein muss,
ist das Hantieren mit 12 Volt ungefährlich.
Auch der Generator, mit Wasserkraft betrieben, war 12 Volt und ist schon bei geringstem Gefälle,
ab nur ca. 4 Meter (!), gelaufen und hat tagein, tagaus Strom erzeugt. Man kann diese Generatoren
praktisch mit einem Gartenschlauch betreiben. Eine tolle Sache!
Ich habe zusätzlich noch Batterien und einen Inverter installiert, hatte somit auch 220 Volt, und konnte sogar
mein Schweissgerät daran anschliessen... Gegen diese Art von Technik war wohl nichts einzuwenden!
Auch von der ökonomischen Seite her gesehen:
Hat man die Anlage erst mal eingebaut, gibt es Strom Tag für Tag und Jahr für Jahr, und man wird es erraten:
Wieder zum Nulltarif...!

Zwei Gemütliche:
Unsere Oma und Peterle...
An langen Abenden im Schaukelstuhl
beim Holzofen handarbeiten...
Da würde auch unser Peter zu gerne "mithelfen"...!

Unser Haus war nicht sehr gross,
aber doch wohl gross genug für eine fünfköpfige Familie.
Es hatte etwa 80 qm Wohnfläche, zur Hälfte jeweils im Erdgeschoss und oberen Stockwerk.
Oben waren zwei Kinderzimmer, unten die grosse Wohnküche und ein kleines Bad.
So hatten die Kinder ihr oberes Reich und Monika und ich waren im Erdgeschoss immer am Ort des Geschehens...
Wie gesagt, der Platz war absolut ausreichend für die Familie.
Es wäre ein Leichtes gewesen grösser zu bauen, aber ich habe das Haus mit Absicht eher klein gehalten.
Vielleicht war „Klein aber fein" mein Wahlspruch...?

Auf jeden Fall war es leicht mit einem Holzofen zu heizen, und der Brennholzbedarf von etwa 10 Festmeter pro Jahr
bewegte sich auch in Grenzen. Das Brennholz haben wir, sozusagen als Familienunternehmen,
selbst im Wald geschlagen und nach Hause geholt.

Doch ein Wort der Vorsicht zum Heizen mit Holz:
Man sollte nur absolut trockenes Holz verheizen, um die Bildung von Kreosot im Schornstein zu verhindern.
Denn hat man Kreosot im Schornstein und es entflammt sich, dann brennt dieses Feuer mit extremer Hitze -
Selbst Temperaturen von über 1000 Grad Celsius werden erreicht!
Der Schornstein kann bersten und das Haus binnen Sekunden in Brand setzen.

Ich hatte zwei solcher Schornsteinfeuer...
Man hört nur ein unheimliches, leises Knistern
und eine kleine, bläuliche Flamme kommt oben aus dem Schornstein.
In einer solchen Situation kann man nur noch seine wichtigsten Sachen zusammenraffen,
nach draussen gehen und beten!
Das habe ich auch getan und mir und meinem Haus ist nichts passiert...

Die hohen, schützenden Bäume, die Konstruktion aus schweren Stämmen, die kleinen, stilvollen Fenster sorgen für unübertroffene Gemütlichkeit! Doch nicht ohne Wermutstropfen: Es fehlt an manchen Tagen ein wenig an Helligkeit. So brannte unsere Lampe in der Küche manchmal auch tagsüber, wie auf dem Foto zu sehen. Auf der anderen Seite: Wen zieht es nicht zum "Licht am Ende des Tunnels"...?

𝓔inhundertsechsundfünfzig
Zedernstämme hab' ich in meinem Haus verarbeitet...
Das sind überdurchschnittlich viele,
und die hohe Anzahl an Stämmen wurde deshalb benötigt,
weil die Fussbodenträger aus Naturstämmen sind -
Und zwar eingepasst per Hand, mit Hammer und Meissel.
Dann hab' ich Stämme verwendet als Dachsparren,
und zuguterletzt sind auch die Giebel bis oben hin aus denselben konstruiert.

Das wird normalerweise nicht gemacht, da zu teuer und zeitaufwendig -
Aber ich wollte eben ein Originalblockhaus bauen, wie in alten Zeiten sozusagen...
Auch das Dach ist sehr steil gehalten, um mehr Platz im Oberen Stockwerk zu gewinnen.
Ausserdem ist die nach oben offene und hohe Balkenkonstruktion sehr imposant.

Es war mein erstes Haus, das ich baute, so war keinerlei Erfahrung vorhanden...
Ich musste also die gesamte Konstruktion, von Fundament bis Dachfirst,
im Voraus in Gedanken durchkonstruieren,
um mögliche Fehler schon in der Theorie zu entdecken
und um diese in der Praxis dann natürlich zu vermeiden...!
Es hat geklappt.

Allerdings hat das Bauen bedeutend länger gedauert als vorher angenommen...
Normalerweise kann man ein bis zwei Stämme pro Tag einbauen.
Aber da ist der lange Winter, wo alles ruht,
und auch während des Sommers gibt es Regentage.
Auch muss man zwischendurch mal Pause machen.
Mal Angeln, mal Baden, mal Wandern gehen...

*D*er Hauptgrund für die lange Bauzeit lag jedoch an meiner physischen Kondition.
Wie schon im Vorwort erwähnt, leide ich unglücklicherweise seit meinem
sechzehnten Lebensjahr an einer chronischen Darmkrankheit, an Morbus Crohn.
Diese Krankheit tritt in Schüben auf, verursacht Schwäche und mitunter
Komplikationen in Form von Fistelbildungen.
Das war immer wieder bei mir der Fall.
Lange Zeit musste ich in Krankenhäusern verbringen, habe ein ganzes Jahr lang,
ohne einen Bissen zu essen, ausschliesslich von Astronautenkost gelebt, und mein niedrigstes
Körpergewicht war zeitweilig nur noch 36 (sechsunddreissig) Kilogramm...

Besonders akut war die Krankheit in meiner Jugend:
Es sah schlecht aus für mich damals. Ich hatte alle Hoffnung aufgegeben, allen Mut verloren.
Doch nicht so meine erste Frau Gisela. Sie gab die Hoffnung nie auf!
"Es wird wieder, nie aufgeben", hat sie mir immer wieder gesagt.
Und so ist es tatsächlich auch gekommen!
Ich bin ihr sehr dankbar!
Sie ist ohne Zweifel eine der ganz "grossen" Frauen auf dieser Welt...

Mit einer solchen Krankheit muss man sich Zeit nehmen, warten bis es wieder besser ist,
dann weiterarbeiten ... Geduld haben ... !!

Warum erwähne ich meine Krankheit überhaupt?
Sicher nicht um mich gross herauszustellen, auch nicht um eventuelles Mitleid einzuheimsen...
Nein, als jemand, der viel Zeit in Krankenhäusern verbracht hat, weiss ich, dass es viele,
viele Kranke gibt, und auch viele alte Menschen, die nicht mehr all das können
wie vorher, die mit oft ungeahnten Schwierigkeiten und Leid kämpfen...
Und all denen möchte ich hiermit Mut machen:
Geben Sie niemals auf!

Es gibt immer und in jeder Situation noch so viel zu tun, anderes zu tun...
Suchen Sie nach Auswegen, gelangen Sie über Umwege ans Ziel!
Entwickeln Sie neues Interesse, wenden Sie sich neuen Dingen zu!
Man kann sich an so vielem erfreuen!
Und wenn es die Sonnenstrahlen sind, die durch's Fenster herein auf's Krankenbett fallen...
Haben Sie Zuversicht ... Haben Sie Geduld ...
Und geben Sie nie und niemals auf !!

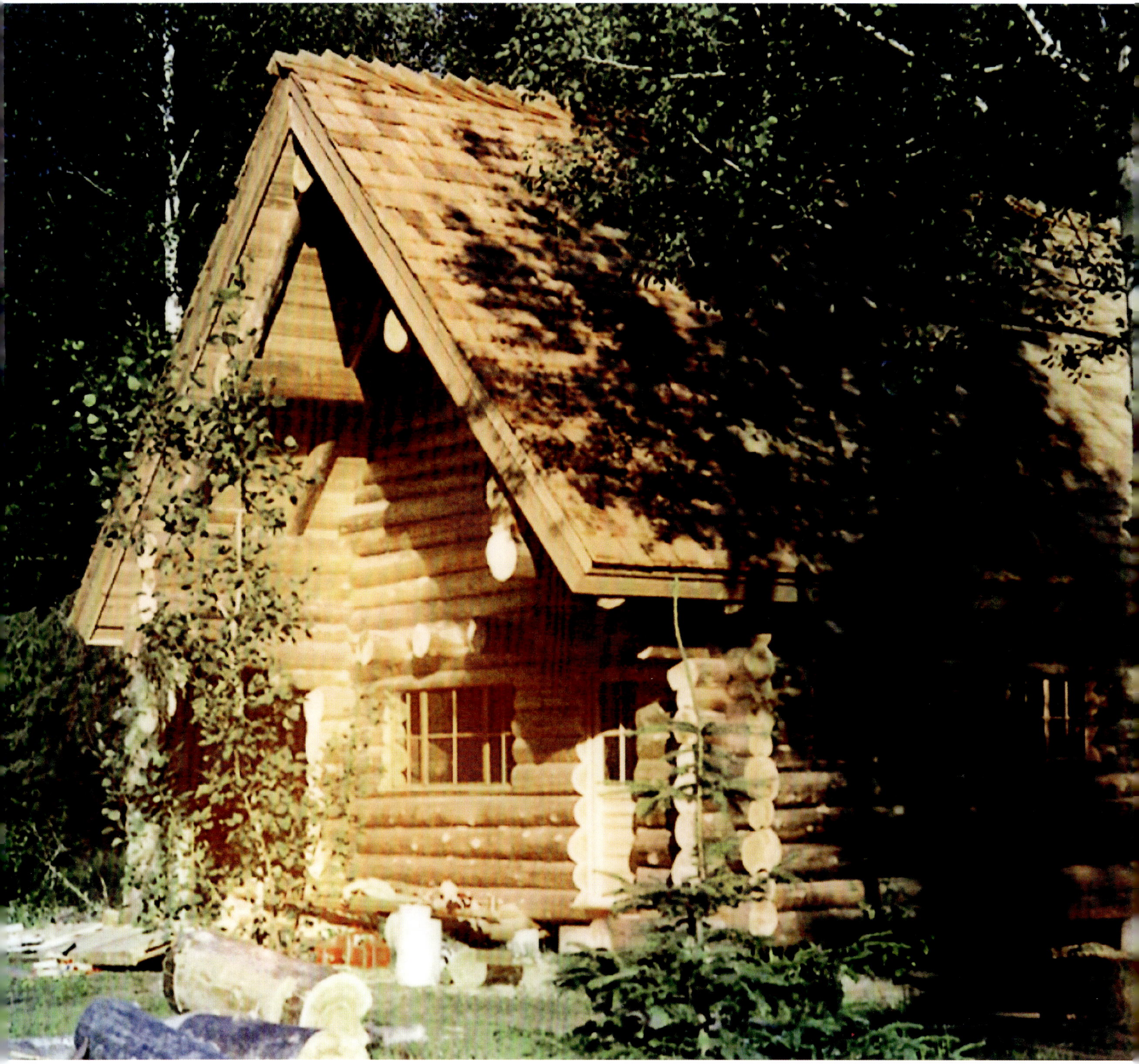

# Liebe Leserin, lieber Leser,

wie ja schon im Vorwort erwähnt, möchte ich auch im Nachtrag
noch einmal auf mein nächstes Buch hinweisen.
Vor allem werde ich darin meine Farmerlebnisse schildern.
Es wird eine ausführliche Geschichte, denn die Farmproblematik ist extensiv.
Ich habe mit Pferden gefarmt, wie vor 100 Jahren...
Das war höchst interessant und hat sehr viel Spass gemacht.
Es ist ein Lebensstil für sich, sozusagen ein Leben im eigenen Königreich...
Des weiteren werden viele generelle Aspekte des täglichen Lebens
angesprochen, wie zum Beispiel Homeschooling, da wir unsere Kinder ja
zu Hause unterrichteten. Oder auch die allgemeine Krankenversorgung
in Kanada, welche für Mütter mit Kindern besonders wichtig ist.
Kurz, ich möchte nicht nur über unser Leben auf der Farm schreiben,
sondern auch, unter vielem anderen natürlich, allgemeine Themen
wie das Gesundheits- und Bildungswesen in Kanada zur Sprache bringen.
Des weiteren wird einiges
über Wolverines und Grizzlybären zu lesen sein.
Gerade Wolverines und Grizzlys bin ich immer wieder begegnet
und sie haben mir einige interessante (!) Ereignisse beschert...!
Auch werde ich ausführlich
über meine Erlebnisse beim Angeln schreiben.
Ob bunte Bachforellen im Osten, Regenbogen- und Cutthroat Forellen
im Westen, ob Gerrard Rainbows vom Kootenay Lake,
Dolly Varden im Hochgebirge, ob Lachse vom Skeena...
Kanada's Bäche, Flüsse und Seen sind ein Traum für jeden Angler!
Und last, but not least, geht es über das Trappen, also Fallenstellen.
Darüber gibt es viel zu schreiben, das Thema ist bekannterweise kontrovers.
Nur so viel sei heute gesagt:
Ich war, und das gerade als Jäger und Fallensteller,
immer Mitglied verschiedener Umweltschutzorganisationen, wie der
Valhalla Society oder Greenpiece.
Diese, wie aber auch alle anderen, haben sich sehr für den Schutz der Natur,
vor allem aber für den Schutz der Urwälder eingesetzt.
Und so auch ich.

Das widerspricht sich in keinster Weise,
denn wer ist intensiver mit der Natur verbunden
als ein Jäger und Fallensteller?
Und so sei mir schon im Voraus die Frage gestattet:
Gibt es etwas Schöneres im Winter als eine Dame in Pelzgarderobe...?
	Ein solches Buch ist allerdings nicht im Handumdrehen geschrieben.
Für mein erstes Buch habe ich ein ganzes Jahr gebraucht.
Tag für Tag, Woche für Woche, und Monat für Monat...
So hoffe ich, dass das zweite Buch dann Ende nächsten Jahres erscheinen wird.
	Besonders aber hoffe ich, dass ich Sie in Ihrem Optimismus,
in Ihrer Zuversicht, Ihrer Geduld und auch in Ihrer Entschlossenheit
niemals aufzugeben, noch bestärken konnte?
Und vielleicht sehen Sie ebenso, genau wie ich, in allem das Gute?
Vielleicht verschreiben auch Sie Ihr Leben nur dem Guten...?
Und vielleicht sehen auch Sie die Schönheit in allem?
Die Schönheit, die ja immer und überall um uns ist...
	Ich denke, wenn ich nur einen kleinen Teil zu all dem beitragen konnte,
dann hat sich mein Buch gelohnt...
	Auf Wiedersehen!

Fotos mit freundlicher Genehmigung.
Bezeichnung, Seite:
Paintbrush,4 Maple Leaf,16 Cattails,17 Tiger Lily,18
Yarrow,19 Goldenrod,20 Wild Rose,21 Fireweed,22
Paintbrush,38 Boreal Forest,40 Cedar,41 Muledeer,47
Black Bär,69 Black Bär,71 Bergnebel,81 Marder,87
Edith's Farewell,92 Skeena Ferry,97 Alpine,105
Fichte,117 Douglasie,118 Moose,121
Schneeziege,151 Billy Goat,152 Billy Goat,154